LE GÉNIE DES ORIFICES

Esthétique des plaisirs de la table et du lit

DU MÊME AUTEUR

AUX ÉDITIONS BERNARD GRASSET

La vie est un jeu d'enfant, 1983.
Mémoires d'un homme amoureux, 1987.
Le Dernier Amour d'Aramis (prix Interallié), 1993.

AUX ÉDITIONS FLAMMARION

La Prochaine Polaire, 1979.
Je danse pour les cannibales, 1981.
Supplique au roi de Norvège, 1983.

JEAN-PIERRE DUFREIGNE

LE GÉNIE DES ORIFICES

Esthétique des plaisirs de la table et du lit

belfond
12, avenue d'Italie
75013 Paris

Si vous souhaitez recevoir notre catalogue
et être tenu au courant de nos publications,
envoyez vos nom et adresse, en citant ce livre,
aux Éditions Belfond,
12, avenue d'Italie, 75013 Paris.
Et, pour le Canada, à
Édipresse Inc., 945, avenue Beaumont
Montréal, Québec H3N 1W3.

ISBN 2.7144.3293.X

A Noëlle

Les hommes portent un épais manteau de mensonges, comme s'il faisait mauvais temps dans le monde de la sensualité.

Sigmund Freud

PROLOGUE

Le saint ascète

L'ascèse est une ivresse. Elle procure des rêves, des fantasmagories. Des remords quant aux abus passés ; mais nul regret de vice négligé. Une luxuriance de drôles d'idées les restitue, vices et abus, sous une forme abstraite et autrement colorée.

Il faut goûter l'ascèse. Sans modération. On n'y devient pas tout esprit, on y devient une pierre ; du vivant solidifié que nul ne peut écorcher même au piolet. On franchit la barre des siècles, de l'entropie, des immortalités. On est celui qui est.

L'ascèse devrait être interdite par les Églises ; au motif de l'hérésie. On voit dans l'Histoire combien les papes, du temps où ils étaient italiens ainsi qu'il convient, s'en sont méfiés. Être ascète confine à l'antique et païenne folie divine.

Plus rien n'entre ni ne sort du corps. A peine le souffle et le bourdonnement sourd du muscle cardiaque. Parfois une suée ; mais que sue-t-on ? Des idées. Des idées à foison, métaphores et illuminations qui se télescopent, s'explosent, jamais ne se réalisent. Elles évanescent et agrémentent les insomnies. L'ascète ne connaît ni repos ni nuit.

Le corps s'exaspère. Jamais il n'a autant existé. Amaigri, il pèse tout son poids de viande, d'os, de moelle, d'humeurs, de morve, de nerfs, de sperme indolent, d'insolentes bandaisons, de cheveux, d'ongles, de larmes enfouies sous la béatitude terrible de se sentir être. Il faut être ascète une fois dans sa vie. Pour en saisir le prix.

L'ascète doit subir la tentation, sinon, à quoi bon. Entre Jean de la Croix qui poétise une autre soif :

« Je sais bien moi la fontaine qui coule et court
malgré la nuit
cette éternelle fontaine est cachée
je sais bien moi où elle a sa retraite
malgré la nuit »

et Simon le stylite, en haut de sa colonne assiégée par le démon qui n'est autre que Sylvia Pinal en costume marin, faux petit garçon tout en rondeurs au féminin (*Simon du désert*, de Luis Buñuel), l'ascète tiendra bon. Le temps qu'il siéra ; il a déjà connu ça.

Certes, il pourrait recommencer : picoler, forniquer, bâfrer. Pourrir. Être damné ? Par qui, mon Dieu ?

« Je ne bois pas », dit Dracula. Avant d'ajouter : « de vin ». Le comte est un ascète. D'obédience exaltée. Mais esthète. Les cous de jeune femme valent bien la glandée que se disputent au plus noir des forêts les ermites et les sangliers. La palpitation d'une veine doucement bleutée sous le miracle d'une peau de fille est le seul symbole de l'immortalité.

L'ascète, comme le vampire, franchit les siècles. Il les vit, les voit, les boit en une seconde. Il en est ébloui, satisfait, rassasié. Ivre. Heureux ?

Jamais. Ce serait pis qu'une malédiction, une incongruité. Masochiste ? L'ascète n'a que faire de telles billevesées, amusements d'enfants trop douillettement élevés.

Il se peut que ses dents tombent. Que lui importent ces infimes fragments de son squelette, les seuls apparents ? S'il veut recommencer à bouffer, on lui confectionnera un dentier. L'ascète ne connaît pas la carie ; est-il menacé de carence ? Rien ne manque à qui ne désire rien ou plutôt, et que les cuistres grammairiens entendent bien, à qui désire *le Rien.*

En quoi l'ascète intéresse-t-il le présent essai ? N'en est-il pas la négation ? Bien au contraire, il en est l'excellence de la démonstration. L'ascète, on l'a dit, mais nul ne fait attention, l'ascète contemple le vide, la vacuité de ses orifices, et n'est repu que de leur génie.

Il soigne le boulimique mais s'entiche du goinfre ; se moque de l'œnologue mais fraternise avec l'ivrogne ; applaudit le baiseur et s'inquiète pour le chaste ; la femme dite scandaleuse lui semble de bonne compagnie, parce qu'elle rit comme on chante un refrain de liberté et s'affiche jolie.

Même conçu mochement par papa et maman, l'ascète se construit de toute beauté. En fait-on un modèle qu'il frôle la colère et ne craint pas de tempêter : il est et restera unique. L'ascète s'enfante soi-même. Il ne plagie pas les gènes de ses prétendus parents, il s'autoclone. L'ascète ne se reproduit pas, ne s'adonne jamais au vain prosélytisme ; il s'ennuierait et s'épouvanterait en compagnie de gens comme lui. Misanthrope ?

Il lui arrive de lire Cioran.

Un jour, succombant à l'esthétisme, il épousera une anorexique. Avec laquelle il fera la vie.

Tu l'ignores ma vierge
A ton corps sont neuf portes
J'en connais me sont cellées
J'en ai pris quatre j'y suis entré
N'espère plus que j'en sorte.

Guillaume Apollinaire

Peau d'âme

1

Nous sommes des gens de l'espace, de l'infini, des slalomeurs entre galaxies et trous noirs. Nous affrontons les neutrinos (qui nous traversent de part en part), des rayons nocifs dont le pire est le gamma. Des poussières, des émanations, des horreurs comme ces monstres (à montrer au microscope aux enfants turbulents pour leur faire payer leur désagrément en cauchemars endémiques), les acariens, qui se repaissent de nos squames, de nos peaux mortes. Donc, Dieu dans sa sagesse nous enferma dans le scaphandre le plus souple, le plus perfectionné et le plus complexe qui soit : notre peau.

Nous nous avons dans la peau. Tous nos horribles suintements, gras livides, nos viandes rouges, nos humeurs dégoûtantes, nos biles verdâtres sont là, dedans. Au chaud. Car la peau nous maintient à la bonne température. Et se plie à nos moindres désirs.

Pourtant rien ne compte plus de trous que cette enveloppe. Et sous chaque trou, une petite ampoule, une glande sudoripare ou sébacée. Plus, en certains endroits, des poils, ou ce fin duvet qui auréole les silhouettes graciles vues à contre-jour par les après-midi de farniente ensoleillées.

Laissez-moi, s'il vous plaît, aimables réviseurs, les après-midi féminines bien que la langue française leur ait prévu une androgynie, un hermaphrodisme, une bisexualité qui démontre une fois de plus que tout est permis en fonction du style. Vaste sujet, vaste débat qui justifie et remplit les éternels enfers de nos bibliothèques. Reliés pleine peau. Sans oublier que les premiers textes écrits hors argile et hors papyrus le furent sur le parchemin, de la peau. Les pentacles magiques étant, quant à eux, dressés sur de la peau de bouc ; pour en mieux affirmer la puissance et la diablerie.

La vastitude de notre peau est comprise entre 1,5 et 2 mètres carrés et sa pesanteur varie de 3 à 5 kilos ; en gros un seizième de notre poids. Mais elle est l'apparence même de *tout* notre moi. Un ornement ou une laideur.

Les Babyloniens écorchaient leurs ennemis vaincus et en tendaient les peaux sur les murailles de leur cité, première mégapole mise au monde. Le tannage devait en être rapide dans le souffle sableux et chaud des vents du désert et sous le soleil implacable du pays d'Entre les Fleuves.

Imaginons un instant ces peaux frissonnantes dans la brise, ou mieux dans le rafraîchissant courant d'air de la grand-porte d'Ishtar, oriflammes cruelles d'une victoire battant les briques vernissées de bleu, de vert profonds et ornées de lions dorés.

Les délicats Babyloniens tenaient cette tradition à

l'effet saisissant de leurs ancêtres sumériens, auxquels ils avaient piqué aussi l'écriture cunéiforme. Tradition de la sauvagerie dans les pays du futur Saddam Hussein ? Ils avaient également inventé le temps, les 60 secondes de la minute, les 60 minutes de l'heure. A notre aube, ils mesuraient déjà leur durée et la nôtre. Ils inventaient l'arithmétique, nommaient les étoiles, groupaient les constellations, donc dévêtaient l'espace et le temps, mais disposaient les 3 à 5 kilos du vêtement primal de chacun de leurs adversaires sur les murailles de la cité. La somme de ces trophées avoisinait la tonne.

Cruelle mais sublime manière d'avoir la peau des autres.

2

Mise au point immédiate : nous ne gloserons pas sur toutes les expressions dites populaires. Avoir quelqu'un dans la peau, se payer sur la peau, entrer dans la peau d'un autre, sauver sa peau, changer de peau, voire peau de balle. Toutes signifient que la peau c'est la vie — un peu de corps et beaucoup d'âme —, et que si elle a prévu de posséder autant de trous et de dissimuler autant d'orifices, vers le bas, et de servir d'écrin à de plus nombreux encore, vers le haut, c'est pour donner à âme et vie autant de sas et de portes afin d'aller, venir, jouir, s'enfuir.

Guillaume Apollinaire chante à Madeleine Pagès « Les Neuf Portes de ton corps ». Guido Ceronetti, dans son *Silence du corps* (Albin Michel), calcule autrement : « Un boyau culier pour base, et, au-dessus, un vêtement flottant surmonté par sept trous que remplit le vent : l'homme. » Le lecteur non manchot les départagera en comptant sur ses doigts.

3

Grâce à la peau le corps est lumière. Ainsi se définit l'ascète hindou, tout nu : « vêtu d'espace et de lumière ». Les textes oublient la poussière, omniprésente en ces contrées, sauf en temps de mousson où le saint homme se vêt aussi de pluie ; et, toute l'année, des fientes d'oiseau tombant sur la peau de Siddhārtha, prince exalté, et pas encore le Bouddha, lorsqu'il restait comme un veau sous son arbre quand sur le fleuve glissa une barque ; un professeur de musique y enseignait à son élève (par ailleurs son rameur) que la corde ne doit être ni trop ni trop peu tendue sur la calebasse pour produire le bon son ; sinon elle couine ou elle casse. Ainsi naquit la Voie du Milieu. Et le retour de toute une civilisation à l'hygiène corporelle qui préfigure celle de l'âme.

Oui, notre âme a du pot de voyager dans notre peau.

4

C'est dans la photographie que la peau se fait éblouissement ; le puriste préférera la photo en noir et blanc, blason parfait de nos âmes.

Comment mieux saisir l'âme qu'en surprenant le corps ? Au-delà des discussions théologiques sur le contenu et le contenant, au-delà des miroirs, qui, depuis Cocteau, « feraient mieux de réfléchir » avant de refléter, le corps, surpris par un objectif de photographe, le corps tout vêtu de peau révèle plus qu'il ne montre. Offre plus qu'il n'exhibe. Il est des transparences dans la plus opaque des chairs, des virginités dans la plus usée, et dans toutes, qui sont mortelles, un grain, un pore, un poil d'éternité.

C'est une histoire de lumière. Ce « lien ombilical », selon Roland Barthes, qui « relie le corps de la chose photographiée à mon regard : la lumière, quoique impalpable, est bien ici un milieu charnel, une peau que je regarde avec celui ou celle qui a été photographié ».

Peau, piège à lumière ? O combien. Lumière de nos désirs, chez l'amoureux comme chez le gourmet (doré d'un poulet, laque d'un canard chinois). Mais l'amour d'abord. L'amour larcin. Comme le cambrioleur se passe la goutte des doigts à la toile émeri avant d'entreprendre le viol d'un coffre-fort, l'amoureux heureux, c'est-à-dire l'amant, se doit d'explorer la peau de l'autre du bout des doigts. C'est une reconnaissance, au sens militaire comme au sens philosophique. Il y a de l'électricité dans l'air, et de la vraie compréhension. Une harmonie désirée ou, tout à coup, une répulsion. Enfin, voici l'un(e) et l'autre éclairé(e).

5

La peau nous donne en effet notre première connaissance. De quoi le bébé est-il amoureux ? de la peau — et de l'odeur de la peau — de sa mère. Tous nos sens et nos plaisirs, les plus purs, les plus primitifs, les plus pervers, les plus raffinés nous ramènent à elle. Elle contient tout.

Avez-vous vu cette publicité pour une automobile munie de coussins gonflables ? Un bébé pleure, hurle, s'agite et vient se frapper sur le sein de sa mère. « Souvenez-vous de votre premier air-bag », dit sans ironie une voix off. Gros plan sur un bébé radieux, et qui, du coup, suce son pouce ; un peu de sa propre peau. Ces seins-là — parfaits — ont coûté très cher à louer pour le commanditaire, mais la leçon vaut pour nos éphémères éternités.

Nous ne restons pas bébés. Mais nous côtoyons dans notre vie des bébés. On est amoureux des bébés (sauf quelques franges de population sous-humaines et qui ont décidé une fois pour toutes que seul leur ego était le monde ; les malheureux !). Donc le bébé est un objet d'amour pur ; non sexuel mais hypersensuel. L'épure de la sensualité. Sous les grougnougnou, les chaboudou et autres bêtifications des adultes devant le « petit d'homme » qu'on livre à nos jungles, gîte une autre vérité : le désir terrible de toucher de la vie qui débute. De l'embrasser. De la dévorer. De frotter son vieux cuir d'hippopotame tanné par les années contre cette merveille de douceur, d'innocence, de pommelé. C'est un ciel d'Ile-de-France, juste avant l'été, une peau de bébé.

Cela ne dure pas. Aussi le vieillard (à trente ans on l'est comme à cent trente pour un nourrisson) en profite-t-il de façon éhontée. Ce n'est pas condamnable, aucune preuve d'amour — même la pire — ne l'est. L'ennui est que Sa Majesté Tom Pouce n'aime pas ça, se faire bisouiller. En revanche, une main douce et chaude et à peine pesante sur le ventre, oui. Surtout pendant ces effroyables coliques qui gâchent toute vie commençante. C'est un contact, un échange, un dialogue — évitons le mot communication qui définirait un métier d'aujourd'hui, dit-on. La paume possède des vertus médicinales et distille l'aura de l'être. Une main, la peau d'une main, ne ment pas. Et le bedon rondouillet qu'elle touche s'y connaît. Reconnaît la tendresse et la complicité. Et cela malgré souvent l'énervement du possesseur de ladite paume, qui ne dort pas depuis un mois à cause des glapissements ou des bruyants rires nocturnes de celui (genre neutre, bébé est bi) qui, en naissant graisseux, violet, fripé, gluant, lui a enseigné dans un cri qu'il mourrait pour que l'humanité perdure.

Caresser, réchauffer le bedounet de son « Petit Assassin » (titre d'une nouvelle terrible de Ray Bradbury) ressortit à un amour au masochisme inconscient. Parfumé d'une pointe non avouée de cannibalisme.

6

Ce trublion destiné à assurer la survie de l'espèce est, dans le genre humain, le seul vrai maître de *tous* les plaisirs. Plus que Dom Juan qui force pour conquérir, que Sade qui ignore la joie, que Casanova qui comptabilise et se vante. Chez Maestro Bambino, la quête du plaisir est naturelle. Un train-train. Même le Viennois barbu s'en est aperçu. Le déchirant de l'affaire tient à ce que nous, nous *tous*, nous avons possédé ce don ; et qu'il a disparu. A peine en demeure-t-il un soupçon quand nous avons la chair de poule (pas par peur mais par excitation due à la vision, fugace, furtive, d'un possible bonheur).

Nu comme l'ascète asiate, et seule nudité tolérée dans les tableaux de peinture sacrée — où l'Enfançon est alors vêtu de lumière et d'éternité —, ne voyant qu'à peine, entendant on ne sait trop quoi, bougeant au ralenti, saisissant le vide de ses petits doigts boudinés, ou bien n'importe quoi, cette imperfection de chair et de cartilages — on ne saurait parler d'os encore — jubile et se repaît ; malgré, souvent, de terribles douleurs pour lui sans justification. Comme n'en ont pas plus ses délices.

Et puis monsieur tète. On ne sait plus téter les seins de notre amante ; nous léchouillons ou mordillons. La grande gloire d'en durcir le bout émergeant de l'aréole !

Amoral (au-delà de la morale, inconnue inimaginable) par fonction, Maître Bébé dévore, déguste, jouit sans retenue. D'un chuchotis sans signification, d'une ariette de Mozart échappée de la pièce du fond, d'une forme à peine distinguée qui se penche et sent bon (ou mauvais, pour lui c'est tout comme : un parfum de pêche mûre ou le relent d'acétone d'ongles fraîchement vernissés). Il lui arrive de bander, quand c'est un garçon. Il a le droit. Il a *tous* les droits. Sa bouche goûte ce qui s'en approche, quitte à provoquer une grimace ; qui fait rire « les grands ». Sa seule raison est de traverser les étonnements et de transmuer chaque nano-seconde en découverte inoubliable. Qu'il devra oublier.

Comment voudrait-on que cet impotent ne baguenaude pas dans le vrai bonheur ?

Aux autres de craindre pour lui : respire-t-il assez ? A-t-il fait son rot ? N'a-t-il pas trop chaud, trop froid ? Pourquoi pas trop tiède ? Son Altesse Minusculissime gouverne la maisonnée. En tyranneau non seulement accepté mais souhaité.

Certains assassins prennent plaisir à le tuer.

7

L'impétrant ventru grandira. Il lui appartiendra de caresser. Cela devient aussi intéressant. D'abord par la naissance de l'envie. Qui tient à un rien. Assiste-t-il à un comice agricole en Normandie qu'il remarque, pendant un ennuyeux discours d'édile, une bouclette de cheveux châtains échappés à la rigueur du peigne ou du chignon. Il n'en pourra détacher d'abord ses yeux, ne pensera qu'à rétablir l'ordonnance de la crinière d'un doigt rendu frileux par la timidité. Il deviendra Flaubert devant son Emma (« C'est moi »).

Est-il dans un train, dans un de ces wagons que l'on affuble du faux titre littéraire de « salon », avec devant lui, à droite, une jeune fille inconnue — Dieu inventa pour le mâle le concept d'inconnu en lui lançant des jeunes filles dans les pattes —, qu'il jugera la peau de sa nuque, aimablement modelée par une ravine verticale, de couleur crème-de-noisette. Il souhaiterait, d'un doigt délicat, suivre, c'est-à-dire descendre et remonter, sud-nord, nord-sud, ce ravissant talweg.

L'amateur des transports ferroviaires remarquera que dans ce cas (un cou, une fille, deux rangs devant) le soleil se plaît à percer le pire orage et à venir, lui aussi, jouer là. Si le soleil donne assez, le doigt recueillera une goutte de rosée salée. La sueur de l'autre, saumure de ses toxines, suint de nos extases, a bon goût au palais de l'énamouré.

Il en refuserait l'ingurgitation dans le plus pur cristal.

Nabokov, que nous vénérons, de ces instants de grâce, composa un bref mais délicieux et cruel roman : *La Transparence des choses* (pas cher en 10/18).

Il assena aussi la plus limpide des affirmations : que rien n'était égal à un dos de fille. Le poète a toujours raison ; en vers, en prose ou en peinture.

8

Watteau, géant passant en un éclair — la foudre se nommait phtisie —, titan fugace de la peinture de tous les pays et de tous les temps, grand maître de l'ordre des Plaisirs et des Mélancolies, Watteau aimait les femmes de dos et donc le dos des femmes.

De préférence habillé, sauf la belle pénéplaine du triangle dorsal de Vénus dont la pointe vient se nicher plus que se ficher dans le moelleux de la courbe des hanches. Le *Jugement de Pâris* minuscule (47 x 31 centimètres) du Louvre montre également l'espace du corps féminin chéri tant par Watteau que par Flaubert et Nabokov, la nuque, sur laquelle le fils de couvreur de Valenciennes attire notre œil et notre envie de toucher par un frison blond d'or foncé, à droite, et le dessin délicat de l'oreille, à gauche. Pâris tend la pomme à Vénus, conseillé, en cela, par Mercure, prince des boutiquiers et des futurs Arsène Lupin, devant une Minerve casquée, un paon sur l'épaule, qui s'écarte courroucée, portant un bouclier où grimace une gorgone, telle la méchante reine de Blanche-Neige, et sous le regard haineux de Junon au visage fardé également reflété dans ce miroir guerrier qui lui assène qu'elle n'est pas la plus belle.

Certes, Antoine Watteau a esquissé aux craies de couleur d'autres peaux nues. Mais Watteau n'est pas Boucher. Pour aimer et chanter la peau, il ne l'exhibe pas à l'étal du voyeurisme trivial, il la vêt.

Watteau veut provoquer le rêve, le désir exacerbé et teinté de la mélancolie délicieuse de l'insatisfait.

Exprimer sa conquête de l'impossible, pour lui, le condamné. Condamné à mort par étouffement. Condamné aussi à ne l'approcher, ce bonheur féminin — la pire garce apporte sa part de bonheur —, à ne l'approcher que de loin. De la distance du pinceau déjà, mais aussi, comme assis devant un chevalet sur une butte modeste d'où il regarde s'ébattre dans une brume de soleil (« Watteau, soleil d'automne sur des feuillages roux », écrit Élie Faure) la femme en une galante compagnie, qui ne saurait être la sienne.

Watteau regrette, tousse, crache son sang et rêve.

Rêve devant le dos de la danseuse de branle du *Plaisir pastoral.* Rêve devant la promeneuse accompagnée (groupe de gauche de l'*Assemblée dans un parc*) ; devant le trouble, l'agitation saisie dans une ébauche de refus du *Faux Pas.* Mais, surtout, passion impossible devant le dos de la visiteuse du grand œuvre de maître Antoine, *L'Enseigne de Gersaint.*

Un « dos de fille » en splendeur ; le *Dos* idéal, archétypal, platonicien. Dans la boutique d'un marchand de tableaux ! On aura tout vu ? C'est tout Watteau. Elle vient d'entrer chez le marchand (qui a donc Mercure pour saint patron), elle est accueillie par un homme courtois, au visage à peine mou et vêtu d'ocre feuille-morte.

La feuille-morte est la métaphore de la flaccidité du membre viril, bref, de l'impuissance, depuis Cervantes (et son vieux Hojarasca, d'un *Intermède*). On s'amusera à constater que Watteau, sans progéniture, sans vrais héritiers mais croulant sous les épigones, portraitura l'un d'eux, Antoine Pater, dans le même costume feuille-morte. On peut crever et sourire entre deux quintes de toux en se vengeant par anticipation des hommes de santé plus solide mais de talent plus débile.

Revenons au dos de la belle visiteuse de M. Gersaint, marchand d'art. Au dos de soie. Le drapé est celui de la femme accompagnée de l'*Assemblée*..., mais la robe de celle-ci est rouge et éclate à la verticale d'une coulée de ciel couleur de mer dans une trouée d'arbres. La visiteuse est autre. Elle offre, car Watteau nous l'offre, se l'offre, un dos d'un lilas rosé, nacré, qui joue du blanc, qui s'assouplit, qui possède la couleur, les nuances, l'éclat, la vibration d'une peau de vraie blonde sous son duvet.

Sa robe expose le rose, le blanc, les veinules d'un épiderme ; elle s'avoue biologique, charnelle.

L'homme feuille-morte tend une main molle — il oserait toucher, le bougre ! — que la belle néglige. Si l'on approche son nez vers sa nuque où, là encore, s'évadent quelques mèches légères, on mesure la finesse, la gracilité du dessin d'une oreille qui ne saurait admettre que propos courtois et musique de chambre. Elle détourne la tête vers la gauche — les femmes de dos de Watteau tournent la tête vers la gauche — et jette donc un œil (intéressé ?) vers un portrait qu'on déballe ou remballe d'une caisse remplie de paille et qui ressemble au visage du feu roi Louis XIV. Qui, lui, n'avait rien d'une *hojarasca*.

A droite, un chien, triste corniaud, paresseux bâtard, l'observe, allongé sur le pavé. Autoportrait animalier ?

La belle a une sœur. Une jumelle. Ou bien c'est encore elle. L'installation du Grand Louvre lui a permis de resurgir en beauté ; en la personne de la dame de gauche des *Deux Cousines*. On ne les rencontrait naguère que sur un palier sombre, en haut d'un escalier malaisé. Il fallait être amoureux pour les remarquer. Pardon, la remarquer : la première Cousine. La seule, la vraie ; celle qui est debout, offrant le même dos, au même plissé de brise, mais blanc, crème, ivoire ; éclatant. Elle ne méprise pas, cette fois-ci, elle nargue. Même adorable torsion du cou, même cheveux délicatement peignés au pinceau amoureux, même oreille au teint d'ellébore, cette rose en hiver. Elle nargue de toute sa hauteur, toujours en détournant la tête, sa cousine assise dans la mousse et à qui un galant agenouillé (et au visage vulgaire de silène sournois) offre des fruits ou des friandises. Cousine n° 2 est fort décolletée.

Elle, la femme rêvée de Watteau, est impeccable dans l'opalescence de sa pureté. De sa seconde peau.

Une peau tissée au long de trop rares tableaux par un amoureux nommé Antoine Watteau. Qui mourut à l'âge de Mozart, à Nogent, entre les prés, les fougères, les ajoncs et les eaux, dans cette brume de lumière qui papillonne sur son œuvre. Watteau qui, dans ce calme tourbillon de photons, peignit ses femmes de dos pour qu'elles ne le voient pas.

Lui, son « amour admirable, la vie trop courte et l'infini désiré. [Son] âme tremblante, âme adorante, les roses éteints, les bleus pâles [qui] frémissent comme sa pauvre âme. Il sent qu'il va mourir » (Élie Faure, encore).

Pour qu'elles regardent ailleurs, vers la vie.

En Watteau, Montaigne aurait reconnu « le talent d'âme de la France : unir le désespoir le plus intime à la plus haute élégance d'esprit ».

9

Il est d'autres lumières sur la peau. Pour en saisir le grain, le scandale, la beauté, rien ne vaut la photo ; on l'a vu avec Roland Barthes. On remarquera que Nabokov, à qui rien n'échappait, d'abord ne méprisait pas la photographie, ensuite, pour se venger de ce genre voyeur, rend aveugle (en fait il lui arrache les yeux) un adolescent marmiton mais trop curieux dans son sublime *Ada* (Fayard) ; le domestique avait surpris des ébats (incestueux).

Au contraire de Watteau, la photo se complaît au nu. Photographier tient-il de la perversité ? Trop de nus ? Dieu nous est témoin qu'il ne créa pas Adam et Ève vêtus d'un anorak. Photographier découle, comme le reste, d'un ersatz de la Création. Saisir un corps implique qu'il soit nu. A cette nudité, le modèle prise de s'abandonner.

Michel Tournier — dont la chambre obscure est le violon d'Ingres — racontait naguère que désirant photographier le visage d'une jeune femme il demanda à celle-ci de poser pour lui. Elle finit par accepter. Et, devant l'appareil, se déshabilla entièrement. Surprise du portraitiste qui ne voulait que l'éclat du regard, l'ombre des pommettes, la délicatesse des oreilles dessinées à la plume, l'arc de fusain des sourcils... Et puis, il comprit : le corps dévêtu montrait le visage autre. Plus vrai car non ainsi perçu. Vu. Illuminé par une nudité non avouée dans l'œilleton.

La photo fut superbe.

Ainsi, une fois dans notre vie, nous aurons eu le loisir d'applaudir la limpidité de Michel Tournier.

10

C'est là que nous retrouvons la peau, le sexe et l'âme. Dans leur image. Nous rejoindrons la photographie sous le chapitre œil et son voyeurisme. Photographiée ou non, la peau sert d'abord à s'exhiber. Nous montrons toujours notre peau, si peu soit-il. La plus prude nonnette ne peut l'empêcher, s'en défaire (et qui chantera la « coquetterie » — pardon mes sœurs de si vilaine pensée — de l'ovale d'un visage dans l'écrin d'une cornette sculptée par l'amidon ?). Seuls les intégristes musulmans qui voilent entièrement leurs femmes sont des goujats. Quand ils ne pratiquent pas d'autres méfaits comme l'excision, devenant alors criminels.

La peau se montre, s'offre, parfois se vend. Elle est aussi art. Pas uniquement flottant sous l'harmattan de Mésopotamie.

On la décore, on la voue aux dieux ; de la sagesse comme de la guerre. On la tatoue ; comme le Bouddha dont le corps s'orne saintement de 32 marques principales et de 80 signes secondaires ; mais surtout comme les matelots, comme les voyous.

Le tatouage a depuis peu envahi notre jeunesse.

Par prudence, certains marchands ont lancé le tatouage sur décalcomanie, qui peut disparaître avec la lassitude d'arborer cette modeste « provocation ». Et qui évite la douleur inhérente à l'opération, mais, au dire des tatoués (synonyme de « durs », naguère, il est même une chanson de Fernandel sur ce thème, c'est dire), affirme une force et une virilité. Car, dans nos civilisations, le tatouage se pratique par piqûre avec une aiguille trempée dans des colorants.

Il cousine par là avec le tatouage sauvage des Océaniens — les chefs-d'œuvre appartenant aux Maoris, dont la Palme d'Or de Jane Campion, *La Leçon de piano*, ne donne qu'un aperçu sur le museau de l'excellent Harvey Keitel —, où il est rite de passage à l'âge adulte (avec implications magiques, guerrières, sexuelles ; toutes machistes).

Nos freluquets, des machos ? Que dire des jeunes femmes qui se font également tatouer ?

11

L'une d'elles décida un jour d'inscrire dans la peau de son sein droit, à peine au-dessus du sillon, l'idéogramme chinois du péché. Ainsi avertissait-elle qui s'approchait et laissait couler un regard attendri ou intéressé vers son décolleté (le plus souvent libre de tout harnais, à moins qu'il ne fût magnifié par un Wonderbra).

La jeune personne gardait-elle en mémoire le film de Yoichi Takabayashi *La Femme tatouée* et son érotisme destiné aux peuplades occidentales (comme une grande partie de la production du cinéma de ce pays archipelaire qui s'y entend, là aussi, pour conquérir les parts de marché) ?

On en connaît le canevas : le seigneur Fujieda est

tant fasciné par le grain de peau de sa maîtresse qu'il lui demande de se faire tatouer le dos par le plus grand maître de Kyoto, afin de renforcer leur amour. On notera que les Amérindiens du Nord pratiquaient également le tatouage pour clamer leur passion — et leur fidélité — à l'aimé(e).

Le maître commence son chef-d'œuvre mais la douleur de la patiente amoureuse est si forte face à ce travail si soigné, si lent, que le maître l'installe à plat ventre sur le corps nu de son propre fils (plutôt joliment tourné) ; ainsi goûtera-t-elle quelques plaisirs charnels au recto quand la douleur enflammera son verso.

La jeune femme qui voulait proclamer son sens du péché à l'encre rouge connut cette douleur au sein. Non contente d'une telle hardiesse, elle retourna chez l'artiste californien (la scène se passait à Los Angeles) pour qu'il inscrivît le même sigle et avertissement, sur une de ses fesses, à l'endroit adorable du Y fatal, ponctué des fossettes subrénales — trésors que Dieu et Nature n'allouèrent qu'aux filles — et qui sépare le monde en ses deux seuls vrais et tentants hémisphères.

Ce n'est pas fini. Elle recommença l'opération à l'intérieur d'une cuisse, au plus tendre, aux frontières pileuses de l'aine. Ainsi tout amant était-il averti de ce qui l'attendait (s'il lisait le chinois), par quelque endroit qu'il prît l'affaire.

Comment avait-elle pu supporter les piqûres en des endroits aussi sensibles ? Par le plaisir même qu'elle ressentait à les montrer, par bribes, à l'artiste.

L'artiste connut lui aussi une telle joie, un tel trouble, qu'il en oublia de changer d'aiguille entre deux clients.

La belle pécheresse est morte en fleur d'âge, du sida, il n'y a pas trois ans.

12

Qu'on ne voie là aucune « morale » à une fable, elle serait répugnante. Mais, comme tout organe détenant une clé au trousseau de nos voluptés, la peau peut tuer.

Le plus beau « meurtre de peau » reste en mémoire de tout spectateur de *Goldfinger*, troisième aventure (filmique) de James Bond 007.

Le réalisateur en est Guy Hamilton, ce qui est d'une importance secondaire. L'essentiel est le début du film.

Dans un palace d'une île chic, au bord d'une piscine, le richissime Herr Goldfinger (Gerd Froebe) triche aux cartes (au gin-rummy). Sur le balcon d'une chambre luxueuse, une blonde platinée mais ravissante (Margaret Nolan, ex-glamour girl du « soft » britannique sous le pseudo de Vicky Kennedy) suit la partie avec les jumelles et épie principalement les tirages de l'adversaire. Elle transmet ses renseignements par ondes courtes à Goldfinger, qui joue muni d'une « oreillette » aussi discrète que celle par laquelle les présentateurs du JT reçoivent les ordres de leur P-DG. C'est compter sans le *commander* 007, au service (secret) de Sa Majesté. Il remarque la tricherie, séduit la blonde...

Le lendemain, l'affriolante créature est encore plus affriolante car entièrement nue. Entièrement peinte en or. Hélas, entièrement morte. Hélas, car si le *commander* Bond ne rechigne devant aucune fantaisie sexuelle, il ne montre au fil des romans et des films aucun penchant pour la nécrophilie.

En revanche, on est en droit de s'interroger sur la perversité des hommes de main de Goldfinger. En effet, saisir une femme ravissante, l'immobiliser, la dénuder et, ensuite, la peindre en or, demande quelque temps. Que pouvait-il bien se passer dans leur tête ? Se sont-ils relayés ? Ont-ils usé du pinceau ou de la bombe aérosol ? Nous sommes en face d'un viol aggravé. Mais non montré. En ces temps lointains, les James Bond's girls et les James Bond's vilains avouaient des pudeurs inconnues de nos modernes serial-killers.

En fait la ravissante enfant (c'est elle qui reste en mémoire, bien qu'elle disparaisse à la douzième minute, et non Honor Blackman qui tient jusqu'à la fin) a succombé à la suffocation, à l'empoisonnement, à l'étouffement.

Car notre peau sert à respirer, à éliminer les toxines et le gaz carbonique. Outre sa beauté et sa vie, on a donc également volé à la charmante et galbée « traîtresse par amour » son génie, défini ainsi par le maître Oscar Wilde : « Cinq pour cent d'inspiration, quatre-vingt-quinze pour cent de transpiration. »

Réflexion faite, nous soupçonnons le doreur de s'être servi d'un pinceau. On soupçonne également du délicieux et horrible forfait l'Asiate fourbe et en chapeau melon à bord d'acier, premier exécuteur chez Herr Goldfinger. Il montre une telle violence sadique qu'on l'imagine assez prendre plaisir à enduire d'or ce corps parfait, surtout que ledit corps ne peut que tressauter, sursauter, voire s'émouvoir — dans la plus folle terreur — sous le chatouillis sans interdits du pinceau.

Salua-t-il Watteau quand il se préoccupa du dos ? Quel meilleur spécialiste qu'un Asiate ventripotent et cruel mais adepte du travail parfait pour vernir d'or au micron près une vivante peau ?

Nous sommes sûr qu'il s'agit là d'un simple dévoiement de tradition familiale. Le criminel songeait, alors qu'il badigeonnait la superbe académie, au doigté délicat de sa chère grand-maman préparant cette fête des papilles et du palais : le *buck ging ngap*.

Dénommé également canard de Pékin et, plus couramment, canard laqué, le *buck ging ngap* appartient à la famille des plats dont la confection commande le respect.

13

Le respect va aussi à la volaille. On lui montre la plus grande déférence et on lui accorde les plus grands soins.

Surtout quant à sa peau.

D'abord on la lave, on l'égoutte, on la sèche soigneusement. Puis on masse la bête, donc sa peau, avec de l'alcool de riz. Cette peau va se parfumer ainsi pendant quatre heures. Et s'en imbiber. Alors commence l'épreuve cruelle. On pend le canard par le cou. Dieu merci, il est évidemment mort. On enfile un petit chalumeau sous la ficelle, près du cou, et l'on souffle pour permettre à cette peau de se mieux décoller des chairs.

Et l'on peint. Avec du miel dilué dans de l'eau, et une pincée de poudre rouge. On peint et on repeint. Trois couches sont les bienvenues. On laisse dans un courant d'air ou, sur les excellents conseils de Mme Charmaine Solomon dans son *Art culinaire asiatique* (Flammarion), devant un ventilateur. L'Occident est pressé.

L'imagination jubile plus à voir le canard sécher sous des brises elles-mêmes parfumées. Ainsi s'enrichirait-il encore des fragrances de la province, qu'elles soient de lavande en Midi, de bruyère en Irlande ; le ventilateur de Mme Solomon est donc préférable à Paris, pour cause de gaz d'échappement. Le mieux, évidemment, est de préparer le canard en Chine du Nord. Les papillons eux-mêmes y sentent bon.

On fera cuire sur une grille posée au-dessus d'un plat où clapote un fond d'eau. Une bonne demi-heure à four chaud, et une bonne heure à four moins que moyen.

La peau prend une couleur d'un bel ocre rouge aux reflets dorés. Dessous les chairs sont parfaitement cuites.

Nous ne sommes pas ici dans les économies d'énergie de la nouvelle cuisine avec ses arnaques de mange-tout *al dente* ou de n'importe quoi rosé à l'arête. On cuit. On savoure.

On savoure d'abord la peau, qui se détache facilement, soit à cru, sans rien, soit, et c'est mieux, selon les préceptes de Charmaine Solomon à qui nous laissons la parole : « Chaque convive pose un morceau de peau sur une crêpe mandarine, trempe son pinceau d'oignon dans la sauce *hoi sin* et en enduit la crêpe et la peau du canard. Il enroule ensuite l'oignon nouveau et une ou deux lamelles de concombre avant de déguster. »

Divin, grandiose, seigneurial.

Empereurs, mandarins et hauts dignitaires ne grignotaient que cette peau, abandonnant les chairs à la valetaille. Aujourd'hui, chez nous (en Chine la nomenklatura perpétue peut-être la tradition), on sert aussi les viandes, soit avec un peu de gingembre frais en fines tranches, soit sautées avec des oignons et des lamelles de poivron.

« Les os seront utilisés pour faire une soupe qui doit mijoter longtemps et ne peut donc être servie au cours du même repas », ajoute Charmaine la gourmette.

Enfin, détail qui eût ravi Watteau : « Pour faire les pinceaux, couper les oignons nouveaux en morceaux de 7,5 centimètres (3 pouces) », inciser leurs extrémités et les « tremper dans de l'eau glacée pour faire boucler les bouts ».

On voit par là combien l'art culinaire rejoint au plus près notre art plastique préféré.

14

Le même genre de « peinture gustative » se pratique en France avec le cochon de lait. On le masse au cognac, le farcit avec ses abats : foie, rognons bien poêlés, bien assaisonnés, bien hachés, liés par du boudin pelé. On recoud le porcelet, le cuit à bouillir dans un grand fait-tout avant de le peindre lui aussi de miel mêlé de piment rouge (attention !), d'huile d'olive ;

« peinture » passée avec délicatesse — et délectation pour les narines — au pinceau fait de branchettes de thym et de laurier. Puis, au four !

Quand on le goûte, on a l'impression de manger du bébé. Modeste revanche en rien criminelle envers notre cher tyranneau, où la tendresse pour sa peau s'allie à la tendreté de la chair.

Ce n'est là qu'un délicat détournement de cannibalisme.

La bouche dans les ténèbres

1

On n'écrit bien qu'avec la bouche. En cadeau de démonstration, ces trois lignes du premier paragraphe de *Lolita* de Vladimir Nabokov : « *Lo-lee-ta : the tip of the tongue taking a trip of three steps down the palate to tap, a three, on the teeth. Lo. Lee. Ta.* » Rien d'autre ne sert pour ouvrir ce bal maudit entre un quadragénaire et sa maîtresse de douze ans. Vous voyez, dès que l'esprit s'en mêle, il salit. La langue, les dents, la bouche tout entière et sa complice l'oreille, elles, offrent le plaisir et l'art d'écrire. Le cerveau ne sert qu'à se faire des idées. Seuls les pions et les « penseurs » l'utilisent pour écrire. C'est pourquoi ils sont illisibles.

Les flics aussi, dans leurs rapports, quand ils expliquent et décortiquent un délit. Eux au moins ont une excuse, ils ne font que de la paperasserie, dont le classement, la photocopie en maints exemplaires sont créateurs d'emplois. De plus, il leur arrive d'amuser les avocats. Le gendarme, souvent, est plus plaisant car il y met l'accent. En revanche, donc, le pion n'écrit pas. Il sue du « sens », aigre. C'est ce qu'il pense. Nous entendons par pion le prof, l'universitaire, voire le « philosophe ».

Exercice pratique : lire à haute voix, en public, trois pages de *L'Être et le Néant*, du regrettable Jean-Paul Sartre, ou bien... non, évitons de nous fâcher avec les vivants. Quoi qu'il en soit, trop souvent une page seulement déclamée d'un philosophe à la mode ou bien du moment (nous exceptons Foucault et certains jeunes gens passionnés de cynisme ou de festins de paroles, des héritiers de Jean-François Revel, comme Michel Onfray) obtiendra le même résultat devant une assemblée choisie : non pas un doux assoupissement mais un franc hourvari. Il est possible qu'on distribue également des coups.

Quand le « philosophe » est poète, tout change. Lucrèce écrivait en vers de belle scansion son *De natura rerum*, qu'il dédia bien sûr à Vénus (l'« *Aenaedum genetrix, hominum divumque voluptas, Alma Venus...* »). Cela se pourrait chanter a cappella. Sanctorius (le médecin Santorio), moins célèbre mais également bon disant, assenait à la fin du XVIe siècle des vérités simples et plaisantes : « Un coït modéré dilate l'âme et aide à la digestion. » On peut disserter aimablement entre ami(e)s sur les qualités modératives du coït. Comme sur certains effets secondaires mais non modérateurs de la dilatation de l'âme. Sanctorius évoque aussi le souci de bonne digestion. Cela implique donc que le « coït modéré » est prévu avant la méridienne, après le médianoche, toujours en fin de collation, d'agapes, de banquet. Excellentes occupations ; sœurs en diable.

2

Nietzsche ne manquait pas d'appétit et compta de belles amies quoique souvent poseuses (ah ! Lou Andréas Salomé, chérie des génies, maîtresse dominatrice, Vénus au fouet sur un célèbre cliché mais écrivaine pesante). Bien qu'allemand, Friedrich est convenable, lisible, émouvant. Philosophe du « gai savoir », ce qui est un vrai programme, cadavre embrigadé de force dans des troupes noires qui figuraient le contraire de son éthique, il fait ce doux aveu : « Soyons les poètes de notre vie, et tout d'abord dans le menu détail et dans le plus banal. »

Oui, « Dieu gît dans le détail », affirmait Mies van der Rohe. Oui, sur le « *tip of the tongue* ».

Mais comment se préoccuper du banal, comment caresser le menu détail, aujourd'hui, quand chacun de ses mots se harnache en guerre et se mobilise pour libérer Sarajevo ? Qui, lorsqu'on écrit ces lignes, est toujours assiégée. Si, lorsqu'elles paraîtront, il n'en est enfin plus de même, sachez que nous n'y serons pour rien, mais que nous nous en réjouirons.

C'est que la bouche est menteuse. Haut-parleur de nos glorioles, comme sur un champ de foire le gueuloir d'un bateleur. La sarajevite a poussé de bons esprits à bondir d'un avion au premier studio de télévision pour ne pas rater le « 20 heures ». La bouche vraie, poussant le vrai cri, est une gueule. Animale.

Celle du cheval du *Guernica* de Picasso. Gueule silencieuse, de noir et de blanc et qui dit tout ; d'un trait.

3

Comme nous voilà loin de la prononciation adéquate de l'incipit de Lolita ! À rouler ainsi le nom de sa nymphette entre langue et dents, à s'en tapisser tout le palais, à quoi joue Humbert Humbert le nabokovien ?

Les âmes sensibles y verront un dernier cri d'amour avant la narration d'une bien triste histoire, terrible mise en garde pour les quadragénaires cultivés tentés par des gamines ensorcelantes (mais niaises, ce qui ajoute de la valeur à la dramaturgie).

Les âmes encore plus sensibles parce que dépravées dégusteront, elles, l'audace de la métaphore. Le premier paragraphe de *Lolita* dans sa version originale (saluons le traducteur français qui réussit presque à accorder les violons des « l » au tam-tam des « t ») est le plus délicat exemple de cunnilinctus littéraire qui soit. Ni décrit ni suggéré, mais ouvertement pratiqué sous notre nez et dans nos oreilles.

Tous les autres érotomanes du porte-plume peuvent s'aligner.

4

La scène d'amour, ou érotique, vulgairement dite « de cul », est la figure imposée la plus ardue pour l'écrivain. C'est l'omelette pour le cuisinier. Le cunnilinctus ou la fellation pour l'amant(e). Il n'y entre qu'agilité, attention et volupté. Dont le seul moteur est la langue. Le Français l'a compris, qui donna ce même nom (féminin) à la litanie de sons articulés qu'il émet et au muscle muqueux et papilleux qui sert à les produire ; qui lui sert aussi à juger du baveux de l'omelette, comme à mener l'amante à certaine délicatesse dans le transport et l'amant à un plaisir jaillissant entre les mots et les dents.

Lequel, laquelle connaît la vraie joie, l'abandon suprême ? Qui lèche ou qui est léchée ? Qui suce ou qui est sucé ?

C'est à un misanthrope (selon le regretté Cioran, qui s'y connaissait en misanthropie) que nous devons curieusement le plus beau chant d'amour dédié au cunnilinctus, et à sa sœur la fellation. On saluera, comme d'habitude, le génie français d'intervertir dans le langage le genre des plaisirs féminins et masculins. Le misanthrope susdit se nomme Guido Ceronetti. Son épithalame labial (les deux orifices concernés comptent des lèvres) se trouve dans *Le Silence du corps* (*op. cit.*), essai digne d'un grand physiologiste et d'un véritable esthète.

5

Notons que dans ce *Silence du corps* fourni en aphorismes brefs, en pensées de deux ou trois lignes, en anecdotes d'un paragraphe, le cunnilinctus occupe ses cinq pages et demie (pp. 151 à 156). Sans alinéa. Nous n'en donnerons que des extraits :

« Un mot définitif n'a pas encore été dit sur le cunnilinctus : il est temps. Il faut le voir essentiellement comme un acte philanthropique, parmi ceux qui suscitent le moins d'ingratitude [...]. Le *Dictionarium eroticum* commence aussitôt par une stupidité : *Foeditas...* Les Romains le pratiquaient énormément, réprouvés par des poètes et des philosophes, qui, pour leur part, ne s'abstenaient pas de le pratiquer. La réprobation était une défense de la toge virile, de l'homme libre face à un acte servile et cela ne nous concerne plus, puisque nous ne portons plus la toge — un vêtement plein de reproches et d'interdictions [...]. Mais il n'est pas douteux que son passé est servile ; c'est l'acte vénérien des eunuques et des sérails, l'assouvissement désespéré des femmes prisonnières. Aujourd'hui, l'harmonie des rapports conjugaux repose pratiquement davantage sur le cunnilinctus que sur tout autre acte [...]. Chez les femmes qui s'y refusent, il y a comme une impiété antikama, une irréligiosité dans la sphère érotique. Parmi les dangers du cunnilinctus le principal est d'oublier la personne qui en est l'objet tellement l'acte plonge le zélé [...]. Enfoncé dans le symbole, englouti par les eaux, il perd de vue le visage et le nom : en découvrant cet oubli, œuvre de l'énergie cosmique (toute femme a un œil, juste au centre de son pubis, qui épie tout), le Moi humain de l'amante en restera blessé. Prolonger l'acte accroît ce risque [...]. Il faut faire son possible, s'interrompant de temps à autre, pour, avec des mots, des regards, des caresses de la main, tenir la mémoire éveillée [...]. Ne jamais s'isoler ! Un Sade ne pouvait pas comprendre. Si l'on enlève la philanthropie à l'effort pour provoquer, par une caresse appliquée, un adorable transport et que l'on efface l'immersion mystique par la dilatation monstrueuse d'un égoïsme lubrique, l'acte n'est plus que l'un de tous ces miroirs où se reflète notre image salie [...]. Cunnilinctus se bat intrépidement contre Frigidité, qui cependant grandit et nous enveloppe tristement ; ainsi remonte-t-on des cryptes du Dieu impersonnel sans avoir pu allumer, dans le mystère d'une âme vivante, l'étincelle de la joie.

Laisse-moi, parmi l'herbe claire,
Boire les gouttes de rosée
Dont la fleur tendre est arrosée,

en effet, si l'on n'a pas bu ces " gouttes de rosée ", il n'est pas de connaissance complète de la féminité ; c'est comme un enseignement murmuré dans une grotte humide. »

Nous accorderons au lecteur quelques secondes de méditation.

6

L'« enseignement murmuré dans une grotte humide » surgit en beauté dans une sphère située à des années-lumière de tout courrier des lecteurs des revues pornographiques et, plus encore, des « écrits » et conseils de « spécialistes », de « sexologues » (préférons « vénérologues » puisqu'en sa racine sieste l'Alma Vénus) attachés à les déculpabiliser. Vénus — et la Lolita nabokovienne et toutes les divinités — compte plus que ces pigistes de la fornication de préférence aberrante (si tant est que cela soit, moralement s'entend). Ainsi, dans la compréhension buccale de l'autre, Ceronetti fait intervenir Dieu.

7

Le lecteur est averti que ce qui va suivre est écrit par un catholique français (depuis des siècles) et qu'il serait inconvenant de lui chercher pouille sur une quelconque haine de l'Église romaine, quoique l'auteur en aurait à dire. Pour lui, Dieu est donc représenté sur Terre par son vicaire l'Évêque de Rome. Et si la main qui écrit est tolérante envers toutes les autres croyances à défaut de leurs intégrismes et autres nervosités d'agités de la calotte, de la kippa ou du turban, son possesseur s'en tient à son catéchisme, à ses Évangiles, à sa Bible. Par souci de simplicité.

Certes le Dieu de Ceronetti impliqué dans la philanthropie du cunnilinctus est des plus œcuméniques. Nous en félicitons le *dottore Guido*. Dans les extraits tronqués de sa citation, on rencontre le Christ pendant le lavement des pieds (pour montrer la sainteté d'une autre occupation « servile ») comme nous rencontrons les divinités principales de l'hindouisme. La liste n'est pas limitative, et les connaissances théologiques de Ceronetti universelles. Mais...

Mais Guido Ceronetti ne pouvait encore avoir lu la pénultième encyclique (à ce jour) *Evangelium vitae*, due au Pontifex Maximus polonais. La presse s'en est emparée en son temps (printemps 1995, saison aimable à laquelle le texte donna un sérieux coup de froid) pour en définir la banquise, que dis-je la banquise, le grand océan Arctique qui en sépare la vraie vie de son « évangile » proclamé dans Rome et pour toute la chrétienté.

La bouche du pape est sacrée autant que sa mule quand les mots en tombent pour l'enseignement catholique apostolique et romain. Et si nous évoquons la sainte mule, qui peut être la chaussure ou le véhicule à quatre pattes qui porta le Christ lors de son entrée à Jérusalem le jour des Rameaux — certains y voient une ânesse digne de celle de Balaam (in *Les Nombres*), c'est que la pensée, la générosité du Saint-Père ont semblé à tous, sauf aux enchaînés des tables d'IVG, monter aussi haut que la cheville, ou tenir de la stérilité notoire de l'hybride chevalin-asinien.

D'un coup l'Église fit un bond de quelques siècles en arrière. Le sexe fut le premier péché (on n'y aborde pas le cunnilinctus), la chasteté la première vertu (ce qui est très aisé dans la situation du pape et vu son âge, mais dommageable pour la santé, le caractère, l'intelligence, la gentillesse et l'esprit de charité de ses ouailles en âge de goûter les aimables plaisirs de la chair).

La santé. Un mal ronge le monde. Implacable, terrifiant, mortel. Pas un mot du Gardien des âmes. Rien. Au contraire, une condamnation de la moindre protection de latex. Dieu reconnaîtra les siens ? Pour défendre la vie, doit-on laisser tuer les humains ? Sont-ils considérés comme le cancer de cette Terre ? Craint-on que ces 6 milliards de métastases ne contaminent le ciel, la galaxie, les trous noirs ?

Le pape méritait un tollé. Nul ne s'en priva. Sauf les illuminés.

Avant ce texte non évangélique, Sa Sainteté en avait commis un autre, « le 6 janvier de l'année 1995, Épiphanie du Seigneur », comme l'indique l'envoi avant la signature *Joannes Paulus II.* Le latin ne fait rien à l'affaire. C'était déjà sot et malfaisant. *Il Papa* s'occupait de cinéma (on lui prévoyait une belle carrière d'acteur dans sa jeunesse).

C'est là que nous fûmes outré. Car si nous tolérons les aberrations maniaco-théologiques, nous défendons cet art qui donne à voir et déniaisa les plus illettrés, leur permettant de ressentir, de pleurer, de rire, de frémir, de s'amouracher, et pour les moins imaginatifs ou les plus indolents d'apprendre, grâce au X, le côtoiement de bien des délices (dont le cunnilinctus à haute teneur en philanthropie).

Le cinéma (*tout* le cinéma) n'a-t-il pas montré le rapport éminent entre la bouche de la femme et son sexe ? Du moins a-t-il magnifié chez ses plus belles actrices (bouche en cerise cœur-de-bœuf de Marilyn Monroe, bouche à moue de Brigitte Bardot, bouche de Lya Lys suçant les doigts de son amant ou les orteils d'une statue dans *L'Age d'or*) les lèvres de l'une par interdiction (aujourd'hui dépassée, progrès des mœurs, pas forcément de l'art) d'exhiber celles de l'autre.

Développement de ce que Magritte avait réuni en un seul tableau, *Le Viol*, où un torse de femme devient un visage montrant des seins en place des yeux et le triangle pubien en guise de bouche. Quintessence de l'art que Sa Sainteté dénigra en le voulant régenter.

Aussi ressentîmes-nous une juste colère.

8

Catholique, nous le rappelons, nous apprécions l'immense tolérance de Sa Sainteté : aux Philippines, Elle n'oublia pas de bénir une population capable de prostituer ses enfants.

De retour à Rome, Elle en vint au plus urgent : le centenaire du cinéma. Elle était La Seule à ne pas s'en être occupée. Elle définit en l'invention des frères Lumière (mot Lui brûlant les yeux depuis Voltaire) le baudet digne de Son haro. Le cinéma est accusé de violence, de fornication, de proposer « un miroir des comportements négatifs [...] qui offensent la dignité de la personne ». La Sainte Bouche d'Or d'où jaillit ce terrible anathème condamne des millions d'humains à mort en interdisant le préservatif.

Sa Sainteté, dont la vue baisse puisqu'Elle clôt souvent ses paupières pendant la messe, n'a jamais dû observer le visage d'un sidéen, image d'une souffrance qui, elle, vraiment, « offense la dignité de la personne ». Sa Sainteté en charge de nos âmes exhibe une nette propension à s'acharner sur nos chairs. En un endroit bien déterminé. Nous concédons à Sa Sainteté Ses Obsessions.

Car, en terre gallicane, la rigolade est de rigueur depuis trois siècles face aux fureurs vaticanes. Dieu merci. Cela nous permit, à Lyon, cité du primat des Gaules, de créer ce 7e art conspué. (Sa Sainteté, qui rappelle le cinéphile à la morale, a-t-Elle jeté hardiment un œil sur un film de Cavalier, de Blier, de Lanzmann, de Bresson ? Non.) Cela nous permit aussi d'inventer la pire damnation : le ridicule.

Il semble trop tard pour en prévenir Sa Sainteté.

9

Qu'un pape profère des bêtises participe d'une tradition millénaire et tient de l'épiphénomène, seul Dieu est le Verbe. Lequel nous a doté de la voix. Pour entonner la Louange comme la critique. Pour séduire. Dieu est Malin. Cet adjectif n'est en rien l'apanage du Diable, comme voudraient nous le faire accroire certains prêtres qui ne voient pas plus loin que le bréviaire.

La bouche qui s'y entend, avec sa locataire la langue, à donner mille joies sert aussi à faire sonner la voix. Donc le mensonge et l'aveu, la sournoiserie et la vérité, toujours dans le dessein de convaincre ou séduire. Le convaincant est fatigant et sinistre sauf quand il exsude le talent, mais dans ce cas-là il se montre séducteur. La séductrice — l'auteur est un homme — est damnante.

On permettra une expérience personnelle. Un soir, très tard, de garde dans un journal pour écouter la radio des policiers, dans une ville depuis connue pour ses vilenies et la mise en examen de son maire qui avait fui la justice dans les venteuses pampas, je m'ennuyais. Et j'eus l'idée. Je téléphonai. J'obtins la ligne, j'eus droit à la voix.

Le coup de fil se tissa sur trois heures bien sonnées. Que nous sommes-nous dit ? Peu importe. Qu'en fut la conclusion ? Un secret. J'écoutai, prisai, pesai le délicat supplice de l'absence. Qu'en résulta-t-il ? Nous couchâmes. Quelques mois après.

Jamais aucun jour d'aucun de ces mois ne provoqua lui le moindre ennui. Il ne s'agissait pas d'attente rongeante, ni d'espoir — activité futile s'il en est —, mais de certitude. Nous ignorions, la Voix et moi, si nous nous aimions, mais à n'en pas douter nous allions baiser.

Par ailleurs, la bouche sert à manger.

10

L'esthète aimera prier à dîner, souper, déjeuner, médianocher une belle gourmande, une jolie gourmette. Sait-on que toute femme séduit quand elle montre de l'appétit et satisfait celui-ci avec choix : d'audace, de délicatesse ?

Le lecteur va objecter que nous avançons dans cet

essai à coups d'interrogation. C'est que notre aujourd'hui manque de certitudes, enfreint souvent la règle première des civilisations : une plaisante courtoisie brodée d'un fil d'érudition. Retournons à table avec notre commensale.

La prémisse du menu (nous sommes au restaurant) lu par une femme met en bouche comme elle met en joie. Si, de plus, elle chausse des lunettes pour en bien traquer tous les secrets, on craint de défaillir. Rien n'égale des yeux mutins mais graves (il s'agit de se nourrir et de goûter) agrémentés de verres pour détailler l'offrande du chef. Tout à coup, pour un simple plaisir de bouche, on sent chez la délicieuse invitée tous les sens en éveil.

L'activité est d'importance et, de plus, se doit d'être partagée avec l'inviteur. Les femmes ont ces politesses. Les lèvres dessinent un souris adressé à vous et au menu ; la voix peut vous quémander une information : « Qu'est-ce donc que des lisettes ? » On vous adoube ainsi d'une importance que vous mésestimiez ; l'homme n'est guère hardi devant une femme qui va manger. Vous devenez le mentor. Vous conseillez. On vous remercie par le regard, qui joue à saute-mouton de la carte à vos yeux.

Elle rebaisse les siens vers le programme des festivités (déjà, de ce modeste mangement, sa présence fait une fête), s'abandonne à un songe ou à une réflexion, voire mesure — mais en toute discrétion — le total des calories, referme le livre des agapes avec un claquement d'enfant de chœur à la messe. Elle a choisi. L'andouillette. Accompagnée d'une purée pressée à la fourchette.

Il est bon parfois de succomber à la simplicité, extrême expression de tout art. Si d'aventure, et comme vous lui avez conseillé, elle a craqué en entrée pour les lisettes au vin blanc, recommandez-lui de boire du chablis (seule boisson d'amants avec le thé) ou, si elle en tient pour le vin rouge, exigez un chambolle-musigny. Il cogne un peu. Elle sera ravie.

Vous serez à la fois le ravisseur et le conseiller émérite en ravissement.

11

Mais nous évoquions tous les sens et en avons laissé en route. La belle, cela allait de soi avec les conseils quémandés (exigés pour la flatterie de votre ego), se montre tout écoute. Le toucher n'est pas de trop. Frôlement du dos (velu ?) de votre main par un boutillon de doigtounet laqué incolore (le rouge sang sur les ongles en épée n'est appréciable qu'après, au pieu, avec le reste de l'attirail et des affûtiaux). On vous touche. Oui ; après tout, vous allez manger ensemble, ce qui est de la dernière privauté.

La conversation se doit d'atteindre le même tabac.

N'en déplaise à Confucius qui exigeait qu'on la fermât ; et à Luther qui bavassait tant qu'il gâchait chaque plat (selon Michel Onfray, *Le Ventre des philosophes*, Grasset).

Il y a aussi l'odorat. On vous pardonnera d'être enrhumé — les femmes pardonnent plus qu'on ne croit, elles représentent la civilisation depuis l'*Épopée de Gilgamesh*, depuis l'aube des temps —, mais non d'être sensible au vent parfumé d'une main qui cherche vos cigarettes, d'un cou qui se ploie, pour que l'oreille puisse mieux vous entendre, pendant que le joli nez — imaginez celui de Kay Kendall, un vrai nez, pas un machin refait à grand prix par un « esthéticien » brésilien qui normalise et n'est donc pas artiste — renifle vos fragrances. Le mieux réside, là encore, en la simplicité ; pas d'eau de toilette, seule Elle mérite d'être parfumée. En revanche, on est curé, poncé, lavé. Un savon de bonne venue — l'anglais Pears, à peine poivré (une sphère anthracite qui ressemble à un boulet de canon) — possède le subtil parfum de la virilité.

On oublie trop souvent que le mâle est d'une extrême fragilité — voir le nombre de veuves — et n'existe véritablement que par l'art d'afficher, avec discrétion, sa nature d'espèce en voie de disparition.

La femme aime être sauveuse.

Laissez-la vous sauver l'espace d'un dîner.

12

Oui, préférons le dîner, le souper, le médianoche ; voire le petit déjeuner. Un peu de nuit, ou dans le dernier cas un soupçon d'après la nuit, ne nuit pas. La fin du jour, le règne de l'amie Lune, figure une liberté (ce mot dans cet essai, et nous en sommes conscient, sera jugé trop souvent associé au mot femme ; la peste soit des culs serrés !), une liberté qui a de l'avenir. Qu'est-ce que la nuit sinon un entre-deux ? Un entre-deux-jours, un entre-deux-vies ? Un futur qui ne s'ébauche qu'à peine, un passé qui n'en a pas fini. Un espoir. Une griserie (on reconseille ardemment le chambolle-musigny). De l'impalpable, même si toutes les paumes de toutes nos mains et tous les pores de toute notre peau ne pensent, ne songent, ne veulent que se frotter au parfum d'en face, d'à côté.

Car le choix de la topologie — la table — est d'une extrême importance.

Face à face, on a tout. Côte à côte, on a plus. Si la table est ronde, si les fauteuils sont en angle droit. On frôle la peau d'un genou, d'une cuisse, d'un bras. Oui, pendant que les bouches bavardent et communient, les peaux se frôlent, les peaux sont frôlées. Pendant qu'on mange — du moins pendant qu'on est censé manger.

Prélude à un « coït modéré qui dilate l'âme et aide à la digestion » du bon Dr Sanctorius ? Je ne sais si le chablis ou le chambolle-musigny se montrent propices à la modération.

13

Laissons une nouvelle fois la parole à un poète. M. Anthelme Brillat-Savarin, dont Jean-François Revel, philosophe écrivant « doux coulant » (ainsi que le souhaitaient Théophile de Viaux et tous les libertins), a défini le grand ouvrage, *Physiologie du goût*, comme « le missel déculpabilisant de l'épicurien modéré ». On voit l'acharnement des beaux esprits à vanter la modération ; elle détient forcément quelque vertu.

Dans son « missel », saint Anthelme, prophète « au style aimable » (toujours selon son hagiographe Revel), esquisse le « portrait d'une jolie gourmande » :

« Rien n'est plus agréable à voir qu'une jolie gourmande sous les armes : sa serviette est avantageusement mise ; une de ses mains est posée sur la table ; l'autre voiture à sa bouche de petits morceaux élégamment coupés, ou l'aile de perdrix qu'il faut mordre ; ses yeux sont brillants, ses lèvres vernissées, sa conversation agréable, tous ses mouvements gracieux ; elle ne manque pas de ce grain de coquetterie que les femmes mettent en tout. Avec tant d'avantages, elle est irrésistible ; et Caton le Censeur lui-même se laisserait émouvoir. »

Si Caton le Censeur lui-même... comment nous, « épicuriens » plus ou moins modérés, pourrions-nous résister ?

14

La pire tentation (avec de nettes arrière-pensées) s'exacerbe et s'exténue lorsque le dîner ne se déroule plus en public mais dans l'appartement de l'inviteur. Alors, le plus délicieux prélude au partage des agapes ou des banquets se situe bien avant : dans le plaisir admirable de préparer soi-même le repas et de subir le feu des fourneaux avant ceux d'Éros.

Là encore, nous prêcherons le principe de la simplicité. Séduire et offrir un gai manger n'oblige pas à une orgie de dollars. Il suffit d'un peu d'art.

Imaginons la même belle qui ne dédaignait ni lisettes ni andouillette. Elle aime manger ce dont elle a envie. Ce qui lui plaît. Se moque du « luxe » ou de la rusticité des mets, s'en remettant aux injonctions de son seul palais.

On aura découvert ses goûts à moins que d'être obtus. Ou malotru.

On peut lui en mettre plein la vue avec un canard à la Ranavallo, d'après Lucas Carton, en s'installant dès 9 heures du matin dans sa cuisine pour une bricole qu'on ne dégustera qu'à 21 heures. Ou se contenter d'ouvrir une belle boîte d'ocièrtre sur un lit de glace, et de cuire au four des pommes de terre en robe des champs (et non pas de chambre, réservez-vous cette pièce pour après), des molossols parfumés aigre-doux, une crème aigre, de moelleux blinis brûlants.

L'essentiel dans ces deux cas extrêmes est de pénétrer dans la cuisine. Et d'y agir par désir.

C'est un don fameux fait à l'autre que de cuisiner pour elle (lui).

Pourquoi ? Parce qu'on mange alors le peu de temps qui nous est imparti sur cette terre à bricoler dans l'éphémère. On construit, combine, raffine, peaufine, invente, crée ce qui va disparaître dans l'instant. Dans son gosier si charmant. On travaille pour sa bouche, antichambre de ses autres sens ; et des voluptés.

La cuisine est un art évanescent, comme la danse. Aussi ne peut-on réaliser un canard à la Ranavallo que d'*après* Lucas-Carton, comme on danserait selon Balanchine.

De plus, la cuisine (la pièce) est un lieu magique, un peu sorcier (voir *infra*). On y élabore des alchimies curieuses et goûtues. Michel Onfray cite dans son *Ventre des philosophes* (*op. cit.*) certain « saucisson cuit à l'eau de Cologne et au café » dû au futuriste Filippo Tommaso Marinetti, que nous n'oserions conseiller. Mais le fondateur du futurisme, désireux aussi de raser Venise, « ville passéiste vouée au sentimentalisme et à la décadence », belliciste fou d'aéroplanes et de voitures de course, détournait l'art culinaire en « une parodie alimentaire de la démocratie, qui plaira à Mussolini ».

Revenons aux fourneaux classiques et républicains (ou monarchistes modérés). L'installation, le modernisme, la richesse ou pauvreté en ustensiles d'une cuisine ne font rien à l'affaire. Comme l'ancienne médecine, la cuisine, plus qu'une science, est un art ; même si les cuisines des grands traiteurs et autres charcutiers se nomment des laboratoires. Tout réside dans le tournemain. Certes, depuis un demi-siècle, la diététique et la pharmacie, voire l'industrie avec l'agro-alimentaire et le micro-ondes ont investi l'antre où règne le « chef » ou la « mère » des plaisirs de nos palais. Là demeure la pureté, dans le facteur humain. Qui crée parfois des erreurs. Ou des splendeurs.

Curieusement la cuisine (l'art de cuisiner) n'est pas gaie. Quel plaisir l'est ? Regardez qui s'active, épluche, hache menu, dégraisse, lève, blanchit, désosse, mitonne, arrose, surveille : le sérieux et l'attention ne se relâchent pas. Devant une échalote, on ne sourit pas.

C'est que la cuisine est un lieu dangereux. Tout y est tranchant et brûlant. « Par le fer et par le feu » ; cette expression guerrière et mortelle est née, à n'en pas douter, dans une cuisine ou dans ce qui en tenait lieu. Thomas Harris, inquiétant auteur du *Silence des agneaux* (Presses-Pocket) et inventeur du terrifiant Dr Hannibal Lecter, le psychiatre cannibale, écrit dans *Dragon rouge* (*id.*) : « Lounds avait couvert beaucoup de crimes commis dans les cuisines, où tout est à portée de main. C'est curieux comme les rapports de police peuvent transformer votre vision d'une cuisine. »

Freddy Lounds, journaliste d'un torchon à scandales, va dans les pages suivantes comprendre combien il a raison de penser, via un bel euphémisme : « Tout est à portée de main »... Couteaux (électriques ou non), hachoirs, tranchoirs, mezza luna, broches, lardoires, allumettes, gaz, électricité, eau et huiles bouillantes ; tout est là pour tuer ou tenir un siège. Ce que réalise brillamment et violemment le héros, mathématicien et brave garçon, des *Chiens de paille* de Sam Peckinpah, dans sa ferme isolée et assiégée par des voyous débiles, pauvres et anglais.

Certes, ces débris de l'humanité sont allumés à mort par l'épouse du matheux, trop charmante et qui néglige, exprès, le port de tout sous-vêtement sous ses jupettes ultracourtes et ses pulls trop moulants. Exprès, car elle a gardé un excellent souvenir d'un des débiles qui fut, jadis, son amant ; et vérifie que sa mémoire sensuelle est bonne, sur un canapé. Au risque, à demi consenti (Peckinpah a le trouble pervers), d'être violée par le suivant, dans les bras mêmes de son ex. Ce qui, loin de calmer les gaillards, les déchaîne.

Le cœur de la résistance aux envahisseurs, le donjon, l'arsenal, l'armurerie, le dernier bastion sera la cuisine.

N'oublions pas qu'il s'agit également de l'endroit rêvé pour concocter les poisons à mêler aux plus séduisants des mets.

La séduction, dans nos civilisations, implique immédiatement le péché ; ici, il s'enveloppe des parfums de cuisson, des fumets, de l'excitation des narines et des papilles. Il se planque dans les pots de condiments aphrodisiaques et dans les flacons d'alcools.

15

Henry Fielding, dans son chef-d'œuvre *Tom Jones* (1749), marie les plus précieux péchés, gourmandise et joyeuse fornication, ce que le cinéaste Tony Richardson sut rendre dans une scène fameuse de dégustation d'huîtres (le XVIIIe siècle de la feue *Merry England* en raffolait) entre son héros, Albert Finney, et la très appétissante, délurée et décolletée Joan Greenwood. Fielding, fils de général, qui comme tout Anglais de cette époque se débaucha assez pour comprendre beaucoup de la vie, écrivit, scandalisa à peine son entourage puis s'assagit, comme il se doit, l'âge venant. Il mourut juge de paix, c'est dire.

Mais il laissa pour veuve une femme épousée en secondes noces. Or, qui était cette créature pour laquelle il avait quitté la première Mrs Fielding ? Sa cuisinière.

Certains péchés font de beaux mariages.

16

Comme la Lune, le péché possède sa face cachée ; elle se nomme générosité. La plus belle illustration récente en est *Le Festin de Babette*, film de Gabriel Axel, d'après une nouvelle de la baronne Karen von Blixen-Finecke (Gallimard). Babette, la Française, a fui la répression qui suivit la Commune de Paris jusque dans un village de pêcheurs danois. Elle entre au service de deux vieilles filles. Anciennes femmes séduisantes mais toujours vierges — alors qu'elles furent courtisées, qui par un fringant lieutenant, excellent cavalier, qui par un chanteur d'opéra français, en villégiature dans ce trou perdu pour raison de santé. Mais les deux sœurs ont renoncé aux bonheurs programmés pour demeurer avec leur père, pasteur sévère. Depuis sa mort, elles ont pris sa place et prêchent pour leur sainte communauté de villageois.

Babette est une servante obéissante et dévouée. Elle confectionne sans trop d'ennui de saumâtres bouillis de poissons séchés. Elle ne garde de la France qu'un billet de loterie toujours renouvelé par une amie de Paris. Miracle, elle gagne 10 000 francs (-or). Elle propose de faire un dîner « à la française » pour le centième anniversaire du pasteur disparu. Émoi dans la communauté. Les mots « à la française » subodorent le diable. On se promet de manger, mais de ne point parler des mets. Arrivent les victuailles (dont une solide tortue de mer encore gigotante), qui effraient les populations. Quels brouets de sorcière Babette va-t-elle en tirer ? Potage de tortue, donc, caviar sur blinis, cailles en sarcophages (ainsi que truffes à foison et foie gras, viandes saignantes, entremets de choix arrosés de veuve-cliquot, clos-vougeot et fine champagne millésimés). Personne ne dit mot ; sauf un général (l'ancien fringant lieutenant amoureux) qui reconnaît là les délices du fameux Café anglais de Paris, dont le chef était une femme, « la seule qui vaille qu'on se batte en duel pour elle ». On comprend de qui il s'agit.

On se sépare au dessert. Mais chez ces puritains nordiques, il est passé quelque chose : la vie, la compréhension d'autrui ; et cette fameuse générosité qui avait déserté les landes et les dunes glacées.

Le tout n'a coûté qu'une paille : les 10 000 (francs-or) de Babette ; qui a tout donné et va retourner à ses frichtis de flétans séchés.

La grandeur du film tient aux regards échangés, à l'activité débordante mais calme et sereine de Babette (géniale Stéphane Audran) dans sa pauvre cuisine qui devient, par la grâce (la Grâce) de chacun de ses gestes, de ses soupirs, des gouttes de sa sueur sous le bonnet vite essuyées, la matrice du changement des 12 âmes calcinées de pureté égoïste des vieux convives.

Vraie leçon d'amour du prochain devant l'enfer des fourneaux.

Après tout, *Le Banquet* de Platon était lui aussi consacré à la maïeutique de l'amour. Mais on y mangeait moins bien.

Il est des gueuletons plus dangereux.

17

Dans une belle demeure d'un endroit chic, le discret hameau Boileau, à Paris, un cuisinier, un réalisateur, un pilote de ligne et un juge organisent et fêtent leurs derniers jours, en un « séminaire gastronomique » agrémenté de la présence de trois prostituées. Une institutrice aussi généreuse de formes que d'âme vient leur tenir la main et le reste.

Oui, il s'agit du gargantuesque scandale du Festival de Cannes, en 1973 : *La Grande Bouffe*, de Marco Ferreri. Les dialogues étaient de Francis Blanche. Les rôles principaux revenaient à Ugo Tognazzi, Michel Piccoli, Marcello Mastroianni, Philippe Noiret et Andréa Ferréol. Des Cannois leur jetèrent des pierres sur la Croisette, les insultèrent ; ils subirent même des crachats. Le film demeure un des grands moments de cinéma des années 70.

Au générique, on relève aussi le nom d'un grand chef, le cuisinier Guiseppe Maffioli. C'est à lui qu'on doit les bombances, les plats, les sauces, les gigots, les carcasses de viande, les ragoûts, les desserts jubilatoires qui défilent tout au long des deux heures et quart de film.

La seule recette appartenant à Ferreri reste la tarte, dont la pâte est levée et roulée et moulée par l'admirable fessier de Mme Ferréol. La fesse gauche recevant des oreillons d'abricots, la droite, de prunes.

Il n'est plus de cerveau ni d'âme ici, simplement l'humain se résume à sa physiologie. Éloignée de la modération et de la poésie de cette *Physiologie du goût* si bien chantée par Anthelme Brillat-Savarin. Plus d'« épicuriens modérés » lisant leur missel. Plus de culture d'avant le péché, de dîner chez Trimalcion, dans le *Fellini Satyricon* (d'après Petrone). Foin du clacissisme exacerbé jusqu'à la sauvagerie. Ici, c'est pis : le grimoire, le miroir du gavage, des vomissements, des indispositions, des pets et des diarrhées. On meurt congelé comme une barbaque de supermarché ou dans la plus grande débâcle intestinale. Entre-temps on aura usé et abusé de toutes les blandices de la sexualité, grâce à la générosité, stipendiée chez les putains mutines mais inquiètes, naturelle chez l'institutrice (Ferréol), qui aide à mourir plutôt qu'à apprendre, mais accompagne ces quatre hommes à elle livrés jusqu'à l'épreuve ultime.

« Rien de philosophique dans tout cela », clamait Ferreri (dans *Le Figaro*, s'il vous plaît). Non. Un reportage infernal (et somptueusement photographié et écrit) sur cette immense contrée, ce fleuve des plus méandreux qu'est l'appareil digestif, qui court des dents, de la langue, du palais, de la gorge, via l'œsophage et l'estomac, jusque dans les circonvolutions, plus complexes encore que celles de notre cerveau, de cette longue autoroute brenneuse de tous nos excréments, les intestins, le côlon, le rectum, bref, le « boyau culier », héros comique et bichonné chez Rabelais et ici, sinon porte des enfers (on le retrouvera plus loin dans cet emploi), du moins antichambre de la mort.

Suicide par accumulation de plaisirs forcenés ; et qui ont la couleur du boudin : noir comme l'humour.

Le sot (ciologue) y verra une critique de l'infâme « société de consommation ».

Le poète, l'Épopée tragique de l'indigestion.

18

On peut aussi manger seul. Par abandon, gloutonnerie, veuvage, égoïsme, aigreur, folie, timidité, mégalomanie (plus souvent qu'on ne croit), bêtise (qui résume tout), lassitude du monde et de l'engeance ; par vice aussi, etc.

Alors, et quelle que soit la qualité des plats, le plaisir ne mérite qu'un nom : *delectatio morosa.*

Le nez et les sangsues

1

Gogol mourut, le nez bouffé par les sangsues. Quel rapport entre l'appendice qui inspira une glorieuse tirade à Rostand et l'animal répugnant et issu de l'odieuse famille des hirudinées, que les pires médecins du monde et cela depuis longtemps appliquent à leurs patients pour ce qu'on nomme des saignées capillaires ? Le rapport tient au sang. Le nez et ses deux narines en sont un fameux robinet. Quel enfant n'a jamais saigné du nez ? Paf sur le pif et c'est « la mer Rouge ».

Le nez est au centre du visage comme au centre de la vie. Il en pisse le fluide liquide, le sang ; il en inspire et expire le fluide gazeux, l'air. Il lui arrive de s'enrhumer, de moucher : on apprend aux enfants bien élevés à le faire sans bruit, alors que la faculté enseigne sainement à vider chaque fosse, l'une après l'autre.

L'aimable Ariane (séduisante, imaginative, encore

enfant), qu'Albert Cohen offre comme maîtresse à Solal (qui ne la mérite nullement, ce prétentieux ennuyeux priapique) dans *Belle du seigneur* (Gallimard), monte à l'étage pour moucher son joli nez hors de la vue de son amant. Elle lui permet pourtant d'autres privautés.

Le nez, chose que l'on voit en premier, recèle donc des secrets à cacher. La société ne lui accorde que de pouvoir renifler les roses.

2

Une loi, en Chine, sous la bande des Quatre, pendant la Révolution culturelle de sinistre mémoire, déconseillait, si elle ne l'interdisait, de s'arracher les poils qui tapissent les narines. Leur utilité n'est plus à démontrer : ils filtrent. Les poussières comme les remugles des laquais de l'impérialisme aux odeurs fauves de tigre de papier. Plus communément, on gronde les gamins qui y fourrent leurs doigts. Plaisir bien innocent quoique peu ragoûtant. Car, comme tout orifice, le nez est lieu de volupté, à condition, là encore, de subir une intromission, que ce soit celle, volatile, d'un parfum ou d'un fumet, ou celle, plus rude mais tout aussi délectable, d'un doigt pour un rigoureux curage.

En Chine encore, mais aux siècles civilisés, on offrait en cadeau de fines baguettes délicatement ciselées ou ornées d'idéogrammes en rouge pour se curer les oreilles, d'autres pour les narines, voire des ciseaux spéciaux pour en tailler les poils qui dépassaient. Ces appareils raffinés étaient de bois précieux, d'ivoire, d'argent ou d'or. On assiste à un échange de tels présents dans l'un des grands romans chinois classiques du XVIIIe siècle, *Le Rêve dans le pavillon rouge* (La Pléiade, Gallimard), de Cao Xueqin.

On mesure donc au fil du temps l'importance de l'appendice même au cœur d'un pays où l'habitude est de le porter court. La longueur européenne du nôtre ayant valu quelques avanies aux premiers Occidentaux aventurés dans l'empire du Milieu (métaphore qui siérait au nez, par ailleurs).

Il n'est qu'en Occident que la longueur du nez passe pour annoncer glorieusement, chez le mâle vaniteux, la mâture supposée impressionnante d'une autre « oblongue capsule ».

3

Nicolas Gogol, donc, décéda, le nez en feu, sucé à mort par des hirudinées. C'était un vendredi matin, un peu avant 8 heures, le 4 mars 1852, à Moscou. Dans sa merveilleuse, tendre et cruelle (fausse) biographie du « plus singulier poète en prose que la Russie ait jamais connu », Vladimir Nabokov (on ne cite jamais assez Nabokov, surtout par pur plaisir) s'attache à cette scène funèbre. Les colères de Molière contre les Diafoirus ne sont rien à côté du mépris assassin que montre Nabokov à l'encontre des deux praticiens qui torturèrent jusqu'au dernier moment l'auteur des *Ames mortes* — et du *Nez* —, déjà épuisé physiquement par les jeûnes destinés à éloigner le diable ; et par la folie (déficience cérébrale certainement due à l'inanition).

« On est horrifié quand on prend connaissance du traitement grotesque et brutal que le pauvre corps flasque de Gogol subit alors que ce dernier demandait simplement qu'on le laissât en paix. Avec une aussi mauvaise lecture des symptômes, et une attitude qui annonçait clairement les méthodes de Charcot, le Dr Auvers (ou Hovert) fit plonger son patient dans un bain chaud tandis qu'on lui aspergeait la tête d'eau froide, après quoi on le coucha et lui posa une demi-douzaine de grosses sangsues sur le nez. Il avait gémi, pleuré et s'était faiblement débattu lorsque son corps misérable avait été placé au fond du bac de bois ; allongé nu sur son lit, il tremblait et ne cessait d'implorer qu'on lui enlevât les sangsues : celles-ci pendaient à son nez et entraient dans sa bouche (Enlevez-les, éloignez-les, suppliait-il) et, comme il tentait de les décoller, le robuste assistant du Dr Auvert (ou Hauvers) dut lui tenir les mains. » Et le maître de *Lolita* de rappeler plus loin le génie « physique » de Gogol : « La bedaine est la belle fille de ses récits, le nez, leur beau gars. » (A lire chez Rivages.)

4

On connaît le goût de Gogol (Nicolaï Vassilievitch) pour les enseignes. Les rues de Saint-Pétersbourg ou des bourgades imaginaires où il traîne ses héros en regorgent. Aux premières lignes du *Nez*, nous surprenons le barbier Ivan Yakovlievitch au moment sacré où il va prendre son petit déjeuner préparé par sa femme Prascovie Ossipovna. Et qu'apprend-on de lui ? Rien.

Ou plutôt si, qu'il hésite entre du café avec des petits pains chauds ou des petits pains chauds sans café. Mais le détail le plus important tient à son adresse : « Avenue de l'Ascension (son nom de famille est perdu et son enseigne ne porte que l'inscription *On pratique aussi les saignées*, au-dessous d'un monsieur à la joue barbouillée de savon) ». Un barbier sans nom et indécis, qui fend son pain (oblong) et y trouve un nez... qu'il craint d'avoir coupé la veille en rasant l'assesseur de collège caucasien Platon Kouzmitch Kovalov. L'homme qui « pratique aussi les saignées », comme les sangsues des infâmes médecins qui achèveront Gogol, se prépare donc à manger un pain tout chaud et farci avec un nez !

On passera sur les interprétations. Mais, une fois de plus, le sang sourd de l'évocation nasale.

5

Il en sourd du sang et des humeurs. Le pire est la pituite. La pituite n'est pas rien, puisqu'on en cache l'extraction dans des mouchoirs de batiste ou de papier. On évite d'y jeter un œil, car nos mères nous l'interdirent naguère.

Tout ce que fait le nez, on le cache. Quel autre appendice une telle dissimulation évoque-t-elle ?

James Joyce, qui se formalise peu de ces choses (lire ses lettres à Nora Barnacle, d'une obscénité solaire et précise), compare à la pituite la mer d'Irlande, dès les premières pages d'*Ulysse.* Stephen Dedalus et Buck Mulligan, qui habitent une des vieilles tours de pierres sèches surplombant la baie de Dublin, contemplent pendant la toilette — encore un rasoir et un petit déjeuner qui mitonne — « la grande mer pituitaire ». Quel formidable rhume a bien pu l'engendrer ?

La comparaison, originale mais pas si fausse pour qui a désobéi à sa maman et jeté un œil dans les replis de son mouchoir, inviterait peu à la baignade.

Dans *Ulysse,* on y fait pourtant trempette. Une jeune fille s'y avance, en retroussant ses jupons, et le bon Leopold Bloom (nous reviendrons plus tard sur ce héros sympathique du périple dublinois) la contemple en songeant tenacement à se masturber, pendant que Joyce, les lorgnons sur le bout du nez, griffe le papier de son *opus major* en restituant ce qui passe dans la tête du mari de Molly et futur cocu, le cri des mouettes, les odeurs marines assez agaçantes aux narines, le débat interne du placier sur son travail et ce qu'il pourrait dire en rentrant chez lui. Rien qui ne lui sourit guère.

Aussi, dans un mouvement de réconfort intime, Leopold, finalement, se masturbe assez sournoisement en l'honneur de la Nausicaa d'Érin. Bien qu'elle fût dotée de cuisses un tantinet lourdes sous le retroussis vulgaire du jupon.

Comme quoi le désir naît, comme nous, dans les épanchements de l'imperfection.

6

L'horrible pituite dénonce aussi le vice. Outre le mucus nasal, ce phonème exécrable bien que ressemblant au sifflement du gai loriot (pi-tuit') recouvre la glaire blanchâtre crachée le matin dans son lavabo par l'alcoolique. Il arrive aussi qu'elle lui pendouille du nez.

L'auteur est désolé de mener le lecteur dans de telles dégoûtations, mais rien de ce qui est humain ne doit nous être étranger.

Là encore, en refusant de sacrifier à la facilité des jeux de mots (consulter pour cela de vrais sémanticiens), il faut bien avouer que le mot nez dénonce souvent l'ivreté : se piquer le nez ou avoir un coup dans le nez, qui dans ce cas précis affiche une couleur d'un beau vermillon ou d'un maladif lie-de-vin.

Nous ignorons l'ivresse par le vin. Mais nous nous abandonnâmes naguère — avant que Dieu ou la Faculté y mît le holà ; et aussi par un rare sursaut de volonté — à l'adoration du flacon malté.

Nous crachâmes donc la blanche pituite au matin.

Et connûmes la honte qui comme le coq annonce le jour nouveau à vivre. La honte est à son comble au moment du rasage. Exercice qui se pratique souvent face à un miroir grossissant.

Le coupe-chou à la main — qui se rase électriquement se montre indigne du seul sel de la vie : le risque —, nous eûmes donc notre portrait, inversé certes, mais craché et géant pas plus loin que le bout de notre nez.

Ce qui est une bonne distance pour s'examiner, mesurer ses ravages, quoi qu'en décrète la sagesse populaire qui voit dans cette mesure non prévue par le système métrique une marque de sottise déclarée. Alors on comprend certains regards de commisération coléreuse (chez votre amoureuse) ou de pur mépris (chez vos « amis »). Ce n'est pas beau. Pourtant il faut l'encaisser, le supporter tant que dure le rasage, qui donne un air « plus présentable » mais, ce faisant, enlumine le désastre des poches sous les yeux au blanc jauni et injecté, à la couperose de vos douces pommettes, aux lèvres violacées, aux... Cessons. Oublions. Ou, plutôt, n'oublions pas mais taisons par pudeur. Et par honte.

Mais cette honte qui pend au nez de tout buveur invétéré est salvatrice. Nul soulard ne peut oser se comparer au consul de *Au-dessous du volcan*, ni surtout à son génial auteur, Mr. Malcolm Lowry.

Au registre de la philosophie, Kant critiquait la Raison en se torchonnant au vin et au rhum (selon Michel Onfray et son *Ventre des philosophes*, *op. cit.*, et s'il juge que « cet avilissement est séduisant parce qu'il apporte pour un instant un bonheur rêvé, une libération des soucis et même aussi des forces imaginaires, il est nuisible en ce qu'il entraîne par la suite abattement, faiblesse et, ce qui est pire, la nécessité de revenir à ce moyen d'abrutissement et même d'en augmenter la dose » (in *Métaphysique des mœurs*). Sartre, qui s'enfilait un litre de whisky par jour (selon sa biographe, Annie Cohen-Solal), a fini par voir des crabes jusque dans les greniers de ses *Séquestrés d'Altona* et par déclarer publiquement que « les révolutionnaires de 1793 n'ont probablement pas assez tué ».

Non, l'alcool ne figure pas au rôle des carburants de la Création.

Il n'est aucun romantisme dans l'alcoolisme, malgré que nous en ayons à l'avouer. Aucune « mondanité », aucun « chic ». Même plus la moindre once de liberté. Nul n'est libre de se « poivrer le nez ». Quoi qu'en pense l'immense Rabelais, la bouteille n'est pas « dive ». Elle n'est point non plus diabolique. C'est nous qui nous affichons pires que des bêtes.

Voilà ce que découvre l'ivrogne au matin en se rasant et en crachant à s'arracher les poumons et la gorge. Il se voit tel qu'il s'est fait, mué.

D'où cette conclusion : un ivrogne glabre est moins dégonflé qu'un barbu sobre. Ce qui procurera un triste réconfort.

7

Restons au registre des vices « sociaux ». Ce cher nez planté en pleine face comme un drapeau au pôle participe aussi à nos tabagies.

Là, ni Dieu ni la Faculté ne nous en ont guéris. Il faut avouer que le monde est ainsi construit aujourd'hui que fumer devient presque un acte de révolte de première grandeur. Autant le pape nous pousserait à forniquer, autant l'Amérique des puritains et autres débris de l'esprit forcené nous invite à en griller une.

Où est-on mieux qu'auprès de ses blondes ?

Le tabac proclame des noms de guerre de Sécession : Virginie, Maryland, Caroline, Kentucky (où l'on macère aussi le bourbon). Des noms sudistes, des noms de vaincus. La guerre n'a pas cessé, ça c'est sûr, puisque les Yankees combattent au napalm leur nouvel esclavagisme : le tabagisme. En introduisant une autre ségrégation. Les volutes azurées de nos blondes miellées sont non seulement interdites dans les lieux publics, les restaurants, mais, on y songe très fort, à l'air libre. Où est la liberté de l'air ? Interdiront-ils les nuages ?

Le tabac, comme l'amour des femmes, remonte à la plus haute civilisation. Son usage fit florès en Angleterre quand la reine Elizabeth Ire en lança la mode par goût partagé avec son amant sir Walter Raleigh. Ensemble, en secret et devant la cour, ils râpaient et prisaient. S'en fourraient plein le pif. Jusqu'au fond du lit, avant et après le déduit.

Nous soupçonnons fortement l'antitabagiste exalté(e) de montrer des tendances d'homosexuel(le) cocaïnomane.

Empêcher d'en griller une c'est asexuer la bouche de Gilda. Dénigrer le tabac c'est châtrer Dom Juan en censurant ces premières lignes du chef-d'œuvre de Molière : « Quoi que puissent dire Aristote et toute la philosophie, il n'est rien d'égal au tabac, c'est la passion des honnêtes gens ; et qui vit sans tabac n'est pas digne de vivre ; non seulement il réjouit, et purge les cerveaux humains ; mais encore il instruit les âmes à la vertu, et l'on apprend avec lui à devenir honnête homme. Ne voyez-vous pas bien, dès qu'on en prend, de quelle manière obligeante on en use avec tout le monde ? »

Eh bien, selon la loi 91-32 de notre belle République française une et indivisible, il serait bon d'obliger tout éditeur ou tout théâtreux à imprimer ou proclamer en exergue au monologue de Sganarelle : « Nuit gravement à la santé. »

Le siècle de Molière ne fut pas aussi tendre que lui pour les amateurs de pétun. La Perse les empalait, le tsar Michel III ordonna par ukase qu'on amputât le nez des fumeurs, le Grand Moghol leur fit couper les lèvres... Méthodes d'une brutalité équivalente aux éructations hystériques des contempteurs de la fumette.

Auxquels nous ne répondrons que par le commentaire paru dans un journal tempéré, le *Times*, en date du 7 juillet 1994. Le Dr Bruce Charlton y évoquait les travaux de son confrère de Glasgow, le Dr George Davey Smith. Ce dernier comparait en effet les campagnes antitabac de nos démocraties à la monomanie hitlérienne contre les « poisons génétiques » menaçant la « race aryenne » : interdiction de la propagande (publicité) ; embrigadement des jeunes, qui devaient vous arracher la cigarette que vous arboriez au bec (avant les ongles et les dents en or ?) ; mobilisation des médias, appel à la délation... D'où le sobriquet de « fascistes de la santé » infligé (dans le *Times* !) aux promoteurs du « glorieux plan » (*sic*) britannique « Santé de la nation ».

Outré ?

Outré quand on vous expulse d'un restaurant de New York parce que votre cachemire a un parfum de blonde (l'amende est de 1 000 dollars) ? Quand on y classe le tabagisme parmi les troubles mentaux « addictifs », juste entre la prise d'amphétamines et celle de drogues dures (avec « centres spéciaux » — on ne rit plus — pour les irréductibles) ? Quand un cardiologue d'Albion refuse de soigner un patient et le chasse de l'hôpital parce qu'il a fumé pendant des années ?

Quand une agitée (française, celle-là) dénonce son voisin du dessous parce que la fumée de cigarette traverserait le plancher ? Quand, enfin, à Paris, la RATP engage sous contrat emploi-solidarité (!) des gamins chômeurs pour traquer dans ses couloirs le fumeur ?

L'antitabagisme nuit gravement à la liberté.

8

On nous opposera la liberté des victimes du « tabagisme passif » bousculée du nez et des voies respiratoires. Elles inhaleraient nos poisons sans le vouloir. La « manière obligeante » chère à Molière résout tout par la courtoisie naturelle à l'amateur de tabac : demander si « fumer ne gêne pas ».

Au registre des nuisances subies par notre cher nez (et nos poumons), il est pis qu'une bouffée d'anglaise à bout doré. Le Dr Glen Cass, chercheur à l'Institut de technologie de Californie, a isolé une douzaine de polluants dans l'étouffant smog de Los Angeles : 1 % vient de la fumée des cigarettes, mais 4 % de celle des hamburgers joyeusement charbonnés au barbecue (souvent par des non-fumeurs). Qui a jamais entendu un accro de cette horreur gustative demander si le fumet de son bœuf haché aux graisses carbonisées « ne gênait pas » ?

Il y a pis : le passage à tabac des médecins et des anciens clopeurs qui ont sombré dans le prosélytisme de l'abstention, cette astreinte. Ils ourdissent les plus sottes questions : Pourquoi fume-t-on ? Parce que c'est bon. Pour vous, quelle est la meilleure cigarette ? Beaucoup affirment que c'est la première, du matin, juste après le café.

La meilleure, chers docteurs, ce sera la dernière.

9

Le nez ne sert pas que nos vices. Il dénonce le mensonge chez *Pinocchio* de Collodi, roman plutôt sadique, donc destiné aux enfants. Comme le film qu'en a tiré la Walt Disney Corporation. Mais la dénonciation serait morale. Et le mensonge, une bien méchante affaire. Il est vrai que Thomas de Quincey, véritable moraliste puisque opiomane pénitent, tenant de « l'assassinat considéré comme un des beaux-arts », écrivain jouissif de ses vices — de plus traduit par Baudelaire et Michel Leiris —, recommande que l'on ne tue pas car on pourrait, suivant une pente fatale, tomber dans le vol, l'escroquerie, le *mensonge* voire la paresse. On notera que Gide lui a piqué cette idée pour la glose « immorale » d'un de ses héros des *Faux-Monnayeurs* ; titre qui, donc, ne ment pas.

Pourtant le nez dissimule.

10

Il camoufle. Revenons à Gogol et son chantre Vladimir Nabokov. Celui-ci cite dans sa biographie certain passage d'une certaine lettre de Nicolaï Vassilievitch à une dame. L'homme au grand nez (Gogol s'amusait à le toucher avec sa lèvre inférieure) y décrit ce redoutable instrument « si long et si pointu qu'il peut pénétrer en personne et sans l'aide des doigts dans la plus petite tabatière qui soit, à moins bien entendu que l'intrus n'en fût chassé d'une chiquenaude ».

La « tabatière », le « sans l'aide des doigts » et la « chiquenaude » sont parfaits.

Et Nabokov de renchérir sur la vraie place du nez dans la tradition russe. « Découragés nous le laissons pendre ; glorieux nous le redressons ; pour ceux qui ont la mémoire défaillante, nous conseillons d'y faire une encoche tandis que le vainqueur vous mouche. [...] Un homme assoupi " pêche " avec lui. D'un gros nez on dit qu'il enjambe la Volga ou bien qu'il pousse depuis des siècles. Une démangeaison à l'intérieur du nez est le signe annonciateur d'une bonne nouvelle tandis qu'un bouton sur le nez annonce une beuverie imminente. »

En fait, le nez ne ment pas. Il dénonce les plaisirs escomptés quand il s'agit du fumet. Du bien manger.

Sur une tranche de Nabokov, une pincée de Brillat-Savarin et ce sera Byzance !

« Pour moi, je suis non seulement persuadé que, sans la participation de l'odorat, il n'y a point de dégustation complète, mais encore je suis tenté de croire que l'odorat et le goût ne forment qu'un seul sens, dont la bouche est le laboratoire, et le nez la cheminée. [...] On ne mange rien sans le sentir avec plus ou moins de réflexion ; et, pour les aliments inconnus, le nez fait toujours fonction de sentinelle avancée, qui crie : *Qui va là ?* »

Tout le plaisir est dans ce *qui va* ; et vient.

L'œil du rasoir

1

« L'œil était dans la tombe et regardait Caïn. » Avec la tautologie de son œil qui regarde, Victor Hugo se définit bien ; il n'a rien du poète et tout du sénateur. Le vieil érotomane qui s'en vantait et s'empiffrait d'oranges cloutées de girofle au bénéfice de cette pauvre Juliette Drouet n'a jamais compris rien à rien.

Tonitruant exilé contemplant la France du haut de ses *Contemplations* et de l'île pimpante, quoique rocheuse, de Guernesey. Chaque écolier sait qu'il pondait des romans n'importe comment. Il excellait toutefois dans l'aquarelle. Mais enfin, un œil qui regarde !

L'œil est autre chose.

2

Curieux orifice que ce globe qui ne gobe que la lumière. L'œil, hors de son orbite, ressemble à un œuf. Plein d'humeur, certes sans coquille mais bien clos. On ne pénètre dans l'œil que par notre image, notre apparence, notre simulacre. Y pénétrer autrement, matériellement, c'est le crever, l'anéantir. On n'en trait pas que du bien, même s'il fut recommandé avant la création de la SPA de crever les yeux des canaris au fer rouge pour ajouter de la délicatesse à leur mélodie.

Ce qui crève les yeux est également métaphore de l'évidence. Aussi les surréalistes, ces voyants amoureux des « prises de vue de l'invisible » (Gaétan Picon), en firent-ils grand usage. Le mirent à toutes ses sauces. Max Ernst en découvre par frottage dans la moindre latte de parquet, Picabia montre *L'Œil cacodylate* où il y a plus à lire encore qu'à voir. Et Buñuel, lui, le pourfend.

« La lame de rasoir traverse l'œil de la jeune fille en le sectionnant », est-il écrit au prologue du scénario (établi en collaboration avec Dali) d'*Un chien andalou.* Mais c'est Luis lui-même qui aiguise le rasoir, écarte les paupières de Simone Mareuil, coupe le plan par un mince nuage passant devant la lune et revient sur le rasoir sectionnant l'œil (de veau selon certains, de mouton selon d'autres, la longueur des sourcils n'ayant rien d'humain, même au cinéma).

Après, il abandonnera la belle aux désirs de Pierre Batcheff, qui s'est fait le visage encadré du bonnet de la « Dentellière » de Vermeer et tripotera en une extase inquiétante les seins de Mlle Mareuil sous la robe et bellement dénudés. Et l'on sait depuis Magritte et son *Viol* (cf. *supra*) que les seins aux pupilles aréoles sont d'autres yeux chez la femme.

Comme les moustaches chez les chats.

Ainsi était l'œil surréaliste. Un objet détourné, érotique et récalcitrant ; provocateur, voyeur. Aussi, aujourd'hui, préfère-t-on enfermer cette tranche d'art aux musées. Il est recommandé d'y conduire ses enfants (les joyeux pervers polymorphes selon leur oncle Sigmund apprécient grandement) ; puis, une fois rentrés au doux foyer, de leur conter une belle histoire à la veillée.

3

Il était une fois un pays qui acceptait n'importe qui chez lui. Sorti exsangue d'une guerre, il avait compris. Aussi se rencontraient dans Paris des Espagnols, des Suisses, des Belges, des Moldaves. Voire des Berrichons ou des Nantais ; et même un natif de Tinchebay (Orne) qui tombera amoureux des agates de Saint-Cirq-Lapopie. Ce caillou aux iridescences improbables pourrait figurer une surréelle pierre philosophale. Il se nommait André Breton, fils de secrétaire de gendarmerie, et qui à dix ans connaîtra Rimbaud, Baudelaire, Mallarmé par cœur. Un dangereux individu, donc.

Il réunit vite tous ces immigrés sous sa papale houlette. Et proclama par voie de *Manifeste* : « L'acte surréaliste le plus pur est de descendre dans la rue, pistolet au poing, et de tirer au hasard et tant qu'on peut dans la foule. » Il n'existait pas encore de sinistres imbéciles pour ne penser qu'au pied de la lettre. Ce n'était que manière de dire que la condition humaine ne se résumait pas au port d'un costume complet avec une poche de gousset. De l'affole-bourgeois. Le préfet de police Chiappe lança ses chiens leur japper aux mollets. Beaucoup les auraient bien découpés au sabre, assommés au goupillon.

En ces temps lointains, les messes se disaient en latin, les papes étaient italiens, mais les femmes se coupaient les cheveux, les maris étaient cocus, les maîtresses des muses fatales, les amants se roulaient dans la boue devant un aréopage de notables. Nos héros entonnaient le chœur de l'amour fou. Et le cinéma était toujours muet.

Il parla. D'abord aux Amériques. La machine donnait de la voix. De quoi enchanter ceux qui peignaient des engrenages aléatoires auxquels ils attribuaient quelques activités purement humaines (*Le Grand Masturbateur*, *La mariée dénudée par ses fiancés même*, voire quelque broyeuse de chocolat). Et le cinéma parla en France. Les Noailles, M. le vicomte Charles et sa poétesse de femme, Marie Laure, donnent 700 000 francs (de 1929) d'une part à Cocteau, d'autre part à un nommé Luis Buñuel déjà coupable du *Chien andalou* (1927), sacré premier emblème « cinégraphique » (on disait ainsi) du jeune surréalisme. Cela permit la naissance du *Sang d'un poète* et de *L'Age d'or*. *L'Age d'or* sortit le premier. On l'interdit illico et M. de Noailles fut rayé du rôle du Jockey-Club. Autant dire guillotiné. Il semblerait qu'il s'en foutît. Il avait offert avec ses deniers non seulement la parole au cinéma français mais sa voix extrême : la poésie. Ses deux versants —

son « vice est versa », aurait souri Cocteau. Dans la paume d'une main chez Cocteau se dessinent des lèvres de femme qu'on jurerait photographiées par Man Ray. D'une autre paume, la buñuelienne, il sourd une meute de fourmis. Qui ne devinera pas quelle main le surréalisme serra et sur laquelle il cracha ?

Aujourd'hui elles se frôlent dans les salles sombres des cinémathèques.

Buñuel voyait donc un tapis rouge s'étendre sous ses pas de prince « cinégraphique » vers l'autel de l'église surréaliste, antiapostolique et bretonienne. Non. A part *Las Hurdes* (« Terre sans pain »), un documentaire ravageur sur la région la plus pauvre d'Ibérie (1932), il ne pourra reprendre la caméra qu'en 1946 (*Gran Casino*, tourné au Mexique).

Le surréalisme se déchira, une autre guerre survint. Buñuel devint buñuelien. Il le resta jusqu'à son dernier film, *Cet obscur objet du désir* (1977). Qui se termine par une explosion.

Dans chacune de ses dernières œuvres, il laissera jaillir encore quelques gouttes, les plus goûtues, de la vieille Église délabrée, oubliée, mais devant laquelle, aujourd'hui, terre d'ennui, il est de bon ton de procéder au douloureux exercice — en terre arthritique — de la génuflexion.

4

Buñuel et ses complices sont les contemporains du principe d'incertitude d'Heisenberg. Grand fondateur de la mécanique quantique, ce cher Werner Karl lança ses premières idées à vingt-sept ans (l'année même du tournage d'*Un chien andalou*). Pour rester simple, disons que vouloir observer un électron transforme sa trajectoire.

Tout philosophe, mieux tout poète en déduira que nul ne voit le monde tel qu'il est mais tel qu'il change d'être regardé. Et le poète en fera bon usage. Surtout s'il est auteur de science-fiction ; Philip K. Dick excelle à nous perdre, pour nos plaisirs, dans les « incertitudes ». Mais une question taraudera toujours l'exégète hugolien.

En quoi changeait ce pauvre Caïn vêtu de peaux de bêtes et que l'Œil majusculissime « regardait » ?

Mais quand nous contemplons l'objet aimé ou désiré — il est beaucoup question de désir dans le surréalisme, ce qui est normal puisque la vraie réalité, le surréel, n'est pas d'évidence, il est un espoir improbable à dénicher ; il ne crève pas les yeux — le changeons-nous ?

Le désir change tout.

5

Qui est regardé et qui est regardant. Et quand les regards se croisent — comme on croise des espèces ou des individus —, ce qui implique un premier contact, qu'il soit duel ou étreinte, l'affaire se corse. « On voit dans les yeux et l'on ne sait pas non plus ce qu'on voit dans les yeux. Puisqu'ils vous voient », écrivait André Breton dans *Sur la route qui monte et qui descend*.

Le jeu pourrait se poursuivre à l'infini, « en abyme », comme ces miroirs mis face à face et qui renvoient notre visage jusqu'à non plus l'invisible mais au non percevable. Une légende veut que plus notre reflet s'éloigne plus il rajeunit. Préfiguration non scientifique de ce télescope Hubble qui « regarde » jusqu'à la naissance de l'univers et, dit-on, au-delà...

L'œil de l'autre est un lieu de perdition.

6

Si nous oublions un instant le surréalisme tellement fasciné par les yeux (on voit tous les membres de cette superbe association de malfaiteurs sur une affiche, paupières closes) pour s'approcher de notre époque, retournons au cinéma.

Une anecdote rôde dans les souvenirs du tournage du film de Jacques Rivette *La Belle Noiseuse.* On mesure l'épreuve que dut être cette très grande œuvre pour sa principale actrice, Mlle Emmanuelle Béart. Elle interprète une jeune femme, Marianne, « prêtée » en modèle par son fiancé falot, Nicolas, au peintre Frenhofer afin qu'il reprenne son *Chef-d'œuvre inachevé* (titre de la nouvelle de Balzac que Rivette a adaptée).

L'épreuve n'est pas dans ce « prêt » qu'elle admet, boudeuse, comme une forme sournoise et pseudo-esthétique de prostitution. L'épreuve ne tient pas au personnage mais à l'actrice elle-même, être de chair, d'âme et de sang ; bien que personnage et comédienne cousinent dans cette épreuve, justement. Emmanuelle

Béart tourne nue pendant les trois quarts du film. Plus que nue ; car chair écartelée, désarticulée, malmenée, « disposée » dans des positions à rompre muscles, os et ligaments ; traitée en nature morte, en plâtre d'étude.

Au bénéfice du peintre joué par Michel Piccoli, mais aussi du réalisateur, du directeur de la photo, de toute l'équipe technique ; et des centaines de milliers de spectateurs.

Au bénéfice de l'art ?

C'est la raison affichée de cette exhibition. Le terme de cérémonial conviendrait mieux. Le corps est objet de désir d'art, que traque la main du peintre (en fait pas celle de Piccoli mais celle d'un « pro », Bernard Dufour) en grattant le papier avec la plume ou le fusain, en attaquant la toile au pinceau. On voit surtout les ébauches, les esquisses, les ratages, les remords, ou ce qu'on nomme joliment les « repentirs ». Frenhofer déchire et reprend beaucoup. Pour arriver à quoi ?

A voir vraiment le « personnage ». Celui qui jaillira du tableau, s'il réussit à l'en extraire de cette chair qu'il malmène avec une courtoise brutalité. Et nous suivons son œil, ses mains, aussi bien sur le Canson que sur la peau de Marianne. Or, naît un curieux désir. Le film, on l'a dit, et cela fut reconnu par toute la critique, est une grande œuvre. La nudité d'Emmanuelle Béart, on le sait, est de toute beauté. Splendeur de ses formes, gracilité des courbes de ses bras, de sa nuque, foisonnement de la chevelure, le tout dans une immobilité forcée sauf, et c'est une reddition totale de belle femme nue et de son peintre, lors d'une scène de détente où, l'une et l'autre, sans gêne, se livrent à quelque libation bien venue du vin de pays (l'action se déroule du côté de Montpellier) ; prolongée par des salves d'éclats de rire.

Partagés par le spectateur, œil de seconde main. Or, jamais ce spectateur, placé en position de voyeur (une femme nue et solaire qu'on contorsionne ou qu'on immobilise, ce qui est pire), ne ressent le désir autre que d'aboutir, lui aussi, à la beauté de cette œuvre que, au fil des heures (quatre heures), il admire.

L'anecdote veut que Michel Piccoli ait demandé à Jacques Rivette et à Emmanuelle Béart de surveiller son regard et d'interrompre la prise ou la scène s'ils décelaient la moindre trace de trouble. Piccoli fut-il troublé ? L'écran ne le dit pas. Tout désir, ici, est sublimé.

7

« Le résultat, que le spectateur ne verra jamais, sera muré comme le témoignage d'un secret mortel, que le châtelain enferme dans ses oubliettes », écrit Jean-Michel Frodon dans son *Age moderne du cinéma français* (Flammarion). Il poursuit : « Est-ce que l'œuvre d'art atteint un tel degré de puissance que sa vue sidère l'homme et le détruit, est-ce la Méduse qu'a peinte Frenhofer ? [...] Il est plus vraisemblable qu'il n'y ait rien à voir, et que ce soit ce secret-là qu'il convienne d'enfermer. »

Oui, mais Marianne/Emmanuelle, elle, a vu. On la voit voir. Et quitter l'atelier pour l'air libre enfin. Qu'a-t-elle vu ? On ne sait, mais elle a changé. Boudeuse et consentante au début du « prêt » par son fiancé, elle se montre autrement, maintenant rhabillée. Son dernier mot est : « Non. »

Sa vie redémarre près d'un buffet dressé pour un déjeuner de soleil ; le film peut s'arrêter.

8

Est-ce pure coïncidence si, dans *La Belle Noiseuse*, le rôle du peintre qui emmure son œuvre est tenu par Michel Piccoli, un des principaux acteurs buñueliens ? On l'a vu dans *Le Journal d'une femme de chambre*, *Belle de jour*, et il prête sa voix à Fernando Rey pour le dernier film de Don Luis, *Cet obscur objet du désir*.

Un metteur en scène qui mourut presque aveugle, le 29 juillet 1983, à Mexico, et crut longtemps avoir ce qu'on appelle le « mauvais œil ». Les acteurs de ses premiers films, *Un chien andalou* et *L'Age d'or*, eurent des fins tragiques : Pierre Batcheff se suicida, à bout de drogue, et Lya Lys périt dans les flammes.

Le regard d'Euryale, la plus belle des Gorgones, est séduisant, mais il transforme l'objet vu, parfois aimé, en bloc de pierre.

L'œil comme facteur de *rigor mortis*.

9

La fonction criminelle de l'œil n'est plus à démontrer. Voyeurisme, esclavagisme, et pis encore. Le voyeurisme n'est nullement désagréable, même s'il permet d'aussi sottes œuvres que *Sliver*, de Phillip Noyce, conçu uniquement pour « exploiter » (au sens marxiste) le corps de Sharon Stone (nous reviendrons sur elle). Copie plagiastique — autant profiter de la mode — de *Sexe, mensonges et vidéo*, de Steven Soderbergh, un charmant conte d'amour (grâce à la brune aux pieds nus Andie MacDowell) pur comme l'eau claire, en temps de virus rôdant.

L'esclavagisme est historique. Et pas si loin de nous. La photographie (voir *supra*) le servit. Dans *Le Corps*, livre remarquable de William A. Ewing (Éd. Assouline), on montre maints clichés « ethnographiques » (nous entendons par là : qui se voulaient tels quand ils furent pris). En fait, dans la chambre noire, on enfermait les « sauvages » — terribles Zoulous vainqueurs de l'Empire britannique ou esclaves bantoues traitées comme des bêtes prostituées ; les « monstres » — en bocal de formol ou en vie, que l'on visitait dans les fêtes foraines, entre deux séances du cinématographe naissant —, enfin, les « fous » figés sur les plaques d'argent et de verre, sous le prétexte d'en « étudier » les symptômes écrits sur le faciès. Photo facho ? Simples images d'une société et de son « œil » s'avouant, par ce regard porté sur l'autre, telle qu'elle craignait d'être, sado par politique et, par éthique, maso.

L'œil doté de son arme fatale, l'objectif, va plus loin. Il décortique le corps, le charcute, le transforme en abats, se venge du rasoir buñuelien en devenant hachoir. Une artiste de cette mise en pièces, la photographe Annette Messager, poétise ainsi son travail :

« Je recolle les yeux
Je décolle des oreilles
Je coupe des doigts
Je déchire un sein
C'est ma loi d'échanges
Je taille
Je mets en pièces
J'enfante des chimères. »

L'œil de Mme Annette Messager est un furieux Dr Frankenstein. A la différence qu'il ne crée nulle monstruosité mais une autre « vision » de la beauté.

Oui, l'œil est une arme. L'arme est aussi libération. « Il suffit qu'un homme enchaîné ferme les yeux pour qu'il puisse faire éclater le monde », écrit Octavio Paz. L'œil fermé, l'œil clos, l'œil sommeillant est une bombe à retardement. Que serait sinon *Peter Ibbetson* (1935), chef-d'œuvre onirique — et adoré des surréalistes — de Henry Hataway ? Un mélo de la plus belle eau. Gary Cooper, condamné à vie, continuera sa *love story* avec Ann Hardling, simplement, au fond de son cachot, en fermant les yeux. Jamais, au cinéma, deux amants ne furent autant unis... à jamais.

Baissez-vous, paupières, et faisons un rêve.

Nocturne pour deux oreilles

1

L'oreille est la bouée et le tourment de l'insomniaque. Car la nuit porte un bruit qui vient du fond des âges. Ce qu'on y entend, ce bourdonnement, ce glissement sans fin qui pénètre en douceur mais sans pitié jusqu'au cerveau ne peut se définir que comme bruit de fond de l'univers.

Les yeux écarquillés, l'insomniaque règne sur l'obscur par ses deux oreilles sur lesquelles il ne dort pas. Il explore l'invisible, par immobilité. Le moindre mouvement provoquerait un bruit gênant, un parasite.

Il ne faut jamais laisser un insomniaque seul au lit dans le noir. Il est menacé. Et Mme du Deffand écrivit une sottise à Voltaire, grand insomniaque de Ferney : « Mon Dieu, que vous êtes heureux et que vous êtes en bonne compagnie, étant seul avec vous-même. » Heureux ? Fichtre ! Elle savait pourtant la férocité du monstre qui veille quand tout dort. L'insomnie est un surmenage. Un affolement de la pensée. Elle s'emballe, prête à déraper, à quitter la route de la raison pour tomber dans le décor ; un décor où abondent les ravins.

Les yeux ne servent plus à rien sinon à inventer dans les ombres des formes qu'ils ne voient pas. Dans le noir, les yeux jouent à nous faire peur. Seule l'oreille maintient un soupçon d'équilibre — c'est son travail pendant l'existence diurne, le travail de l'« oreille interne ». Elle est notre oie du Capitole ; elle alerte.

Le père de Hamlet devait dormir comme un lourdaud puisqu'il fut empoisonné par un venin qu'on lui fit couler dans l'oreille. Eût-il été insomniaque qu'il nous manquerait une belle tragédie.

Évidente précision avant de poursuivre : le « nocturne » du titre doit s'entendre selon deux sens fournis par Paul-Émile Littré : a/ « Partie de l'office de la nuit composée d'un certain nombre de psaumes et de leçons » ; b/ « Terme de musique. Romance à deux voix [...]. Morceau de piano d'un caractère un peu rêveur ». Pierre Larousse ajoute : « Et mélancolique ».

Notre paire d'oreilles joue aussi à nous inquiéter. Craquement, sifflement, tintement, elle jouit de ce que, de jour, nous n'entendons pas. La nuit l'oreille est à la noce. Pas nous. Nous entendons notre corps, le moindre clapot dans la panse, le battement du cœur. En ouïr le rythme c'est déjà craindre qu'il ne s'arrête ; puisqu'on ne le commande pas.

En même temps l'insomniaque hait qui sommeille auprès de lui. Il en entend le souffle régulier, qui est déjà un repos par son simple alanguissement et qui, lui, l'obsède, l'enrage. Par l'oreille, l'insomniaque touche aux rives horribles de la jalousie. A l'envie de meurtre. Pis, au suicide.

2

Mme du Deffand passait pour « une méchante personne » (de son propre aveu) parce que franche diseuse de vérités. Et c'est elle, la vérité de l'insomnie, qui crie par sa plume, en ce mardi 13 décembre 1768 : « Dormez-vous, monsieur ? Pour moi je ne ferme pas l'œil, et cette manière d'*allonger ma vie* [c'est nous qui soulignons] me déplaît fort. Je vous sais l'obligation de me faire prendre mon mal en patience ; c'est à vous que j'ai recours quand *je ne sais plus que devenir* [*idem*] ; je regrette toute autre ressource ; il n'y a point de lecture qui ne me fatigue au bout d'une demiheure ; je lis, je rejette tout, et je demande du Voltaire. »

A quel homme a-t-on écrit cela au milieu de la nuit : « Je demande du *** » (écrivaillon, inscris ton nom).

Cinq ans plus tard, le 6 août 1773, on sait comment Mme du Deffand reçoit son Voltaire « demandé ». « Depuis sept ou huit jours, monsieur, je me fais lire vos lettres. Je les ai toutes conservées ; j'y ai trouvé tant de plaisir que j'étais dans les regrets de n'en plus recevoir. Ce matin l'on m'a dit : " Voilà une lettre de M. de Voltaire. — Est-elle longue ? — Oui, elle a quatre pages. — Ah, tant mieux, lisez-la promptement. " »

Si l'on écrit avec la bouche (voir *supra*), on ne lit bien qu'avec l'oreille.

Que votre oreille lise par le truchement d'une jolie bouche les mots de Voltaire ou de Mme du Deffand, cette autre insomniaque, de plus aveugle (dès cinquante-six ans) ; à qui il ne restait donc que l'oreille pour appréhender l'esprit le mieux trayé du monde. On conseillera l'achat de ces *Lettres à Voltaire* dans l'édition de Rivages-poche (« Petite bibliothèque ») ; l'affaire ne coûte pas 40 francs.

3

Le monde se referme sur l'insomniaque. Et, venant du plus profond de son être, jaillissent d'autres ennemies : les idées noires. Il baigne dans sa mauvaise sueur et son pessimisme.

L'avenir est bouché, comme sa vue qui s'accroche désespérément au dernier surgeon de la lumière, un rectangle même pas gris, « noir clair », dirait Samuel Beckett dans *Fin de partie.* Ces idées noires ne sont que le visage invisible d'un moi inconnu, surgi de l'inconscient. Une vérité outrée.

Cette réalité reniée, redoutée, rejetée, enfante des fantômes.

Ils font du bruit, ces rejetons de l'inconscient. Et l'oreille les entend. Parfois, ils clament. Ils crient votre nom. Ils tirent une sonnette qui n'existe pas. Bien sûr tout se passe « dans la tête » de qui ne dort pas et s'exténue à ne pas dormir. S'exténue mais affine ses sens, d'autres sens, aussi. Puisqu'il entend les esprits.

Voilà pourquoi Mme du Deffand avouait également ne pas croire aux fantômes mais en avoir peur. Ce n'était ni niaiserie ni trait d'esprit, mais la simple réalité autrement exprimée. Et jaillie de ses insomnies. Elle n'y croyait pas car elle ne « les » avait pas vus. Elle en avait peur car elle craignait de « les » avoir entendus.

Il n'en reste pas moins vrai que la femme endormie au côté d'un insomniaque, fût-il amoureux, risque de se réveiller assassinée ou veuve. La proposition peut se conjuguer quels que soient le couple et sa composition. Au gré de ses mœurs, le lecteur rétablira les genres.

Il est des remèdes à l'insomnie, assène-t-on aux pauvres malades assommés de somnifères qui plombent le palais mais ne les bercent jamais.

Comme les jonquilles après les giboulées, ce sujet revient régulièrement dans les « pages pratiques » des revues féminines. Au printemps 1995, un des médicastres stipendiés par les magazines — la pige extorquée remplaçant la fuite de la clientèle — révélait qu'en cas d'insomnie la femme avait tendance à se rendre à la cuisine et à vider le réfrigérateur. L'homme, lui, pencherait pour la masturbation. De bons (autres) auteurs concluent au contraire. Le débat n'est pas là. Dans ces trains de nuit peuplés d'« esprits », il est bon de trouver sa consolation.

4

Les pères des écoles chrétiennes nous enseignaient que les plaisirs inventés par Onan rendaient sourd.

Ce sont ces mêmes frères que Luis Buñuel, abandonné quasi aveugle au chapitre de l'œil, traîna encordés à un piano à queue dans *Un chien andalou.* Buñuel était également plutôt dur de la feuille. Ce qui, par parenthèse, et sans doute par compensation, l'entraînait à octroyer de mauvais rôles aux aveugles (cf. *Viridiana* et, surtout, *Los Olvidados*). Notons que sa quasi-surdité ne tenait en rien à la mécanique manuelle mais en tout à la génétique.

Nous effleurons, avec l'indispensable Buñuel, le danger de misanthropie qui menace le sourd.

L'oreille est connaissance du monde. La surdité rompt le contact avec la vie, ses rythmes, sa « mélodie » ; le silence devient un mur. Alors que l'aveugle participe au rythme, le sourd est isolé, livré à lui-même ; triste, il se fige, se renferme car il est objet de moqueries. Un vain peuple plaint l'aveugle mais se réjouit des bévues, méprises et quiproquos nés de la mal-compréhension du sourd. Lequel préfère se taire et s'éloigner en son désert intérieur ; chercher hors de cette terre un endroit écarté, où être homme sourd d'honneur il ait la liberté ; dont celle de détester l'engeance humaine.

Principalement les aveugles.

Pour notre part, nous compatirons à la détresse du sourd insomniaque.

5

La sororité entre surdité et masturbation masculine ou féminine — dans les collèges de bonne tenue, les sœurs ne se montrent guère en reste pour prévenir les nécessaires exercices de doigté des dortoirs — ne tient pas à la misanthropie née de l'état et de la pratique. La masturbation ne connaît pas qu'un aspect égoïste. Elle est souvent une offre destinée à autrui, quel que soit le sexe d'icelui (nous revoici au collège).

La gémellité supposée tient surtout à ce que l'oreille est pure métaphore sexuelle. Un instrument sournoisement érotisé du plaisir. Chez les Bambaras et les Dogons, le pavillon représente la verge et le conduit auditif le vagin.

De doctes anthropologues vous expliqueront que pour ces peuples africains la parole est une autre métaphore du sperme. La parole de l'homme, disent les Dogons, est aussi indispensable à la fécondation de la femme que la liqueur séminale.

On en déduira que les étreintes entre M. et Mme Dogon sont d'une grande délicatesse et d'une poésie brûlante. Tant le chuchotis de tendres horreurs et de promesses enthousiastes d'une radieuse obscénité, tenant trop souvent de l'électoralisme, est plaisant lors du déduit.

Sans parler des hurlements, glapissements, gloussements et autres expressions verbales d'une joie métabolique et cellulaire.

6

Grâce au Ciel, l'oreille possède des vertus théologales. Parfois mâtinées d'hérésie.

Aux premiers siècles chrétiens, on trouve chez certains docteurs de l'Église une interprétation sexuelle de l'oreille proche de celle de nos bien chers frères en palabres amoureuses, Bambaras et Dogons. La vie théosophique se montrait riche et avide d'un savoir qu'elle exprimait par questions et déductions.

Ainsi, la grossesse de la Vierge Marie échauffait les cerveaux. Comment la mère du Christ avait-elle été pénétrée du Saint-Esprit ?

Un chercheur du nom d'Élien prônait (selon Rémy de Gourmont dans *Le Latin mystique*, Paris, 1913) que « le Verbe est entré par l'oreille de Marie ». Ce divin coït auriculaire fut condamné au premier concile de Nicée (325), rassemblé par l'empereur Constantin.

L'Église a toujours respecté une sorte de tabou sur la grossesse de la Vierge ; aussi se refusa-t-elle, au cours des siècles, à trop approfondir le sujet. Plus tolérante que l'Actuelle Sainteté quant au préservatif, artefact non diabolique et qui ne remet pas, lui, en question le dogme, elle laissa la thèse faire quelques petits et produire certains vers. M. de Gourmont en retrouva, signés d'Enodius, dans le missel de Salzbourg :

« Gaude, Virgo mater Christi
Quae per aurem concepisti. »

(Réjouis-toi, Vierge Mère du Christ
qui l'a conçu par l'oreille.)

Selon l'auteur de *L'Amour en Occident*, un chant du même tonneau figurerait, encore de nos jours, dans un antiphonaire des chrétiens maronites.

Au registre de ces intromissions par l'oreille, nous nous en tiendrons au dogme évangélique : le Verbe divin avait un archange pour truchement lors de l'Annonciation. Or, les anges n'ont pas de sexe.

Quant aux soulagements par chatouillis du conduit en cas de démangeaison, la Vierge Marie disposait, comme les nonnettes et l'ensemble du genre humain, d'un petit doigt à chaque main ; justement nommé l'auriculaire.

Qu'on ne soupçonne là aucune métaphore blasphématoire.

7

Dans l'oreille aussi le diable vient nicher. Comme ailleurs, il y pond des œufs d'aimables perversités.

Nous avons évoqué les radieuses obscénités et tendres horreurs dont on aime à se sentir imprégné, par l'oreille, poison non mortel au contraire de celui du roi du Danemark — si ce n'est au registre du péché —, ou qu'il plaît à déverser au bord de la conque de l'autre pendant l'étreinte amoureuse. Le plaisir provoqué par ces formes d'« annonces » n'est pas mince ; elles enjolivent la fornication, fouettent l'imagination, enflamment la jouissance.

Il s'agit bien d'enjoliver. Ainsi se fait-on percer les oreilles pour y glisser de l'or, de l'argent, du platine, des joyaux. Rien d'innocent en cela, même si l'on voit encore de bonnes mamans mener leurs fillettes chez le joaillier afin qu'il perce le lobe enfantin. Parfois, la première paire de boucles d'oreilles est ainsi offerte pour un anniversaire (marquant la nubilité ?), voire pour une communion solennelle — ou équivalent chez les non-catholiques. La barbarie (bien légère) de ce rite est en effet œcuménique.

Aujourd'hui, l'oreille percée ne ressortit plus d'une initiation oubliée pour jouvencelle en socquettes blanches ou d'un ornement pour riches élégantes. Elle fleurit sur de grands dadais, qui multiplient, à leurs lobes, les anneaux (au rythme de leurs conquêtes ?) comme les anciens combattants les décorations au revers de leur veston. Il n'est là rien d'efféminé. Le héros de Hugo Pratt, Corto Maltese, arbore un anneau d'or à l'oreille gauche ; il faut dire que sa tenue est des plus disparates : vareuse de la marine marchande de Sa Gracieuse Majesté britannique, casquette d'officier de l'artillerie tsariste. Son anneau d'or n'est que simple tradition maritime signifiant des « fiançailles » avec la mer. Que, seul, le doge de Venise épousait en jetant une alliance dans la lagune du pont du Bustophéron. La tradition est tzigane aussi. Corto est le fils d'un marin maltais et d'une magicienne gitane.

Le percement d'oreille de notre époque navigue dans d'autres eaux rituelles. Il n'est qu'un premier pas dans la folie du *piercing*, qui perce un peu partout sur le corps chez les « branchés » d'Occident : nez, mamelons, peau de l'abdomen, joues, langue, lèvres de la bouche ou du pubis féminin. On y enfile des anneaux d'or, certes, mais aussi maillons de chaîne, épingles de nourrice...

Ce percement-là préfigure l'exhibition d'un sadomasochisme plus ou moins conscient.

L'anneau est une banalité dans les rapports maître-esclave. Symbole premier de la condition servile, il enserre les chevilles, le cou ou les poignets, reliés ou non par des chaînes. Il est d'or chez les esclaves préféré(e)s ou choisi(e)s pour satisfaire les désirs sexuels des maître(sse)s. Aujourd'hui, certain(e)s préfèrent le cuir clouté, le vinyle, les chaînes d'acier et autres gâteries largement répandues dans les magasins spécialisés.

8

Mais l'affaire sadomaso ne date pas d'aujourd'hui, ni même d'un célèbre Marquis.

La Bible elle-même y touche. Et par le percement d'oreille. Dans le dernier livre du Pentateuque, le Deutéronome, qui rappelle les lois et ordonnances, on lit au sujet de l'« année de relâche » (année sabbatique), et cela concernant l'esclavage : « Tu te souviendras que tu as été esclave au pays d'Égypte, et que l'Éternel, ton Dieu, t'a racheté ; c'est pourquoi je te donne aujourd'hui ce commandement. Si ton esclave te dit : " Je ne veux pas sortir de chez toi " — parce qu'il t'aime toi et ta maison, et qu'il se trouve bien chez toi —, alors tu prendras un poinçon et tu lui perceras l'oreille contre la porte, et il sera toujours ton esclave. Tu feras de même pour ta servante. » (Traduction de Louis Segond.)

Au poinçon et contre la porte ! Aux temps bibliques, on n'y allait pas de main morte !

Dans certains *backrooms* de maisons discrètes mais connues, on en surprendra à soupirer.

L'essentiel est ailleurs, dans le « parce qu'il t'aime » ; un esclave peut aimer son esclavage. Chaque année, à Londres, à Amsterdam, à Paris, un « festival » réunit les adeptes des fouets, chaînes et clous ; en toute liberté. La police des mœurs ne fait qu'y passer. Trouvant cela « pas bien méchant » (*Libération* en mai 1995).

Après tout, le valet de chambre, Désiré Tronchais, créé par Sacha Guitry, avoua faire ce rêve à Mme Odette Cléry. Il est vrai que la maîtresse (de maison, du ministre des PTT et de Désiré, uniquement par fonction) était jouée, au théâtre, par Mlle Yvonne Printemps (un sacré tempérament) et, au cinéma, par Mlle Jacqueline Delubac, perfection d'élégance, de sourire et de nez coquin. Le rôle du valet revenait de droit au Maaaîîître.

L'oreille ou l'amour soumis ?

9

Dans leur remarquable et fort érudit *Dictionnaire des symboles* (« Bouquins », Laffont), MM. Jean Chevalier et Alain Gheerbrant écrivent : « L'oreille est le symbole de la communication, en tant que celle-ci est reçue et passive, non en tant que transmise et active. » Ils précisent par ailleurs que « dans l'allégorie de l'éloquence du *Kunstbuch* d'Albrecht Dürer les personnages qui suivent Ogmios lui sont attachés par des chaînes allant de la langue du dieu aux oreilles de ses adorateurs ».

Divin sadomasochisme, plus perfectionné et esthétiquement plus riche que celui de nos modernes, lui-même plus respectable que celui, faux, sournois, du Tartuffe qui demande si l'on a bien « serré sa haire et sa discipline » ; nous respecterons doublement la cilice qui, sous la bure de la robe, écorche la douce peau féminine de nos saintes extatiques alors qu'une bande de mauvaise toile leur écrase les seins.

L'oreille et son percement voisinent étrangement avec d'autres évangéliques activités « serviles » énoncées par Guido Ceronetti, quand il chantait la philanthropie du cunnilinctus.

Lointaines correspondances qui eussent fait les délices de Baudelaire. Et donné quelques sonnets supplémentaires et non superfétatoires à son champ de *Fleurs du mal*.

10

Bien que le vent dans les roseaux souffle et ressasse que « le roi Midas a des oreilles d'âne », l'oreille est emblème de sagesse.

Lao Tseu, qui vécut en Chine au VIe siècle avant J.-C. et qui créa le tao — où l'on trouve la première évocation de cette « lumière auriculaire » douloureuse et chère aux insomniaques —, arborait des oreilles longues de sept pouces.

Malgré cataclysmes, invasions, guerres, glaciation sociale, Grande Muraille, révolutions, seigneurs de la guerre, femme Mao et, dernier avatar, ouverture à l'économie de marché, son enseignement perdure.

Ce n'est pas là que chinoiserie. Plutarque (50-125 après J.-C.) écrivit dans un grec limpide un traité du « Comment écouter ». Avant un chapitre consacré à « L'éloge du silence », un autre se nommait « L'ouïe est l'organe de la sagesse ». Adressé à un « cher Nicandre », dont nous ne savons rien, mais qui mérite la postérité, ce court essai sur « celui de nos sens naturels qui, selon Théophraste, donne plus d'entrée aux passions » est une mise en garde.

« Le vice trouve plusieurs de nos sens ouverts pour se glisser par eux jusqu'à notre âme et pour s'en emparer. La vertu n'a d'autre entrée que l'organe de l'ouïe pour s'insinuer dans le cœur des jeunes gens. Avec quelle attention faut-il donc la conserver pure [...]. » Avec une curiosité sur les mœurs affectives du temps : « D'ordinaire, lorsque nous embrassons les petits enfants, nous les prenons par les oreilles et nous leur disons de nous saisir aussi par là, pour insinuer, par ce badinage, qu'il faut aimer surtout ceux de qui l'on profite... par les oreilles. En effet, un jeune homme qui n'entendrait jamais des discours propres à l'instruire, non seulement ne porterait aucune pousse, aucun fruit de vertu, mais il donnerait nécessairement dans tous les vices. » (Traduction de Pierre Maréchaux.)

On objecterait bien à Plutarque que pour combattre le vice encore faut-il le bien connaître. Et l'oreille s'y entend.

Vice commande punition. Punition induit supplice. En Chine, celui de la cloche faisait florès. Le condamné avait la tête sous une cloche de beau bronze fin. Les bourreaux — des eunuques — y frappaient avec des baguettes ou barres d'airain de différentes grosseurs. Le cerveau se vidait (physiquement par les oreilles, justement) ; on devenait sourd, idiot, fou. Cadavre.

Nos hautes civilisations technologiques, qui ne rechignent pas aux dictatures, perversion vulgaire, utilisent parfois un objet sans sophistication : le seau sur la tête ; et on frappe. Les sons sont moins raffinés, l'effet est semblable (cf. nos dernières guerres coloniales).

L'oreille est jardin des délices donc jardin des supplices.

11

A quoi ressemblerait une oreille suppliciée ? A un visage torturé d'un « portrait » peint par Francis Bacon. Une de ces figures déchiquetées, aplaties sur des fonds bruns, ocre, ou de rouges puissants, biologiques, d'entrailles à vif. Des êtres surpris face à des réalités terrifiantes. Que hurlent dans leur silence ses « têtes » en série de 1949, ses « papes » ou les personnages « encagés » de son ultime période ? Certains visages écrasés ne sont qu'une oreille maltraitée ; des corps entiers d'êtres assis sur un fauteuil ou une lunette de toilettes — voire un des trois volets de sa *Crucifixion* — s'inscrivent dans la forme d'une oreille. Son écorché même dans le dernier cas.

12

Addendum in fine. Le plat préféré du général de Gaulle était l'oreille de cochon. On la sert (chez vous comme à Sainte-Menehould, à l'Élysée ou à Colombey) avec un pied et la queue. Plus que de la cuisine, cela semble une corrida.

La fossette, rondelette odelette en prosette

1

Mieux vaudrait Clément Marot et qu'il lui troussât un poème. Brillant, génial de diminutifs, envolé au vent.

La fossette est furtive.

C'est le doigt d'un ange posé aux joues du bébé naissant (ma grand-mère l'a dit, c'est donc vrai). C'est la joue qui rit quand tout l'être pleure.

Le reste d'enfance du vieillard qui meurt.

La grâce qui contredit Matisse. Pour le maître, tout dans l'humain était convexe, rien n'était concave. Matisse eut du génie, jamais de fossettes.

La fossette pique la joue mais pique aussi partout. Au menton où elle affiche une virilité de forgeron ; sur le nez qu'elle transforme en fessier nain ; en truffe d'animaux bizarres, comme le tamanoir.

Elle se niche dans la nuque, sous le frison du cheveu qui s'évade du peigne. A y penser, on en frissonne. Elle n'est pas ronde alors, mais longue. Verticale comme une fente inachevée ; pas osée. Longue ? Alanguie sur quelques millimètres. Un sourire Tom Pouce.

Elle est au creux des clavicules ; on l'y nomme salière. Elle y recueille les sueurs, les baisers. Miracle de la maigreur, cette ombre portée de la beauté.

On la surprend subrénale. Sous les reins, au-dessus du cul ; uniquement chez la femme. Un deux-points, ponctuation délicate entre l'en haut qui est bien et l'en bas qui promet plus, en cet instant subtil et chanté par Georges Brassens, « où le dos perd son nom avec tant de grâce ».

Posséder des fossettes n'appartient qu'à l'élite ; quel que soit l'endroit où elles gîtent.

Elles flânent sur le corps, sur la peau, rêvent de trous inachevés pour ne pas en réduire la perfection, fausses cavités délicates et sournoises ; car elles mènent à la conquête des autres orifices.

De tous.

2

C'est tout.

Le nombril de la « fornarina »

1

On inventa les petites pâtes rondes (divines cuisinées *a la carbonara*, avec crème fraîche et lardons) baptisées tortellini (nom digne d'un peintre) par amour, désir et voyeurisme. Le créateur fut un mitron. Ainsi le veut la légende qui court les *trattorie* et enchante nos palais.

Le mitron s'était entiché de la fille de son patron, le boulanger. Il la guettait, en rêvait quand doraient les *panini* qui lui rappelaient un gonflement de « faons jumeaux » chantés par le *Cantique des cantiques*, sous la modestie de batiste du corsage. Ce qu'il ressentait chaque nuit et chaque jour le mettait dans un état qui eût permis au *fornarino* l'économie du four. Le mitron brûlait mieux que ne lève le *panone*. A peine lui jetait-elle un œil, l'aguicheuse dorée comme ces brioches que peindra plus tard Chardin. Comment séduire ce dessert et en faire son ordinaire ?

En autres qualités, le mitron énamouré montrait celle d'épier chaque geste, chaque soupir, chaque éclat de peau à chaque moment de la journée, de l'objet de ses pensées. Il dépérissait : les boulangers travaillent la nuit, et la belle enfant vivait le jour. Le mitron connut l'insomnie diurne ; s'obnubila de sieste partagée. Mais il est un diablotin bienfaisant pour les amoureux : la *fornarinetta* se levait dès potron-minet, quand le mitron se réduisait à s'aller coucher. Seul.

Dès son lever, la belle enfant — on lui devine quinze ans, l'âge de Juliette amante à Vérone — se consacrait à ses ablutions. Son cœur n'était pas plus pur que la peau de son corps, qu'elle baignait, frottait, oignait, debout, nue comme un jésus, dans un tub que des servantes emplissaient d'eau claire et tiédie.

Le mitron eût souhaité être le tub de ferraille, le baquet de vieux bois imbibé, mieux, l'éponge qui frôlait et lavait jusqu'au plus intime ; mais de cette nudité poncée et parfumée, il ne surprenait goutte. Sauf, par le trou de la serrure à la porte de la chambre aux ablutions, sauf un petit cercle de chair qui devint pour lui le centre du monde, la signature et ligature de la naissance de son aimée : son nombril.

Il en était hanté.

Machinalement, ses doigts se mirent à tourner de la pâte ; dans le bon sens ; il le remarqua, peaufina l'affaire, présenta le résultat. Le boulanger haussa les épaules mais tenta le coup et mit en vente ces petits cercles tortillés et farcis.

On connaît, depuis, le succès des tortellini.

En revanche, on ignore encore si le mitron gagna le cœur et le corps de sa belle. Ce qui laisse toute liberté d'imaginer.

2

Le nombril est mythique. Le sénateur William Harrison Hays, ancien secrétaire des Postes américain, s'inquiéta de sa puissance d'évocation et le révoqua des écrans comme les seins, les fesses et les sexes. Forcené du détail, il chronométra les baisers et exigea deux lits dans toute chambre, même nuptiale, même conjugale.

McCarthy passe à côté de lui pour un libéral. McCarthy fut dangereux et épura Hollywood. Hays fut aussi brutal mais bénéficia, en plus, d'un ridicule achevé.

Son heure de gloire, il la connut quand Mme Hays demanda le divorce et énonça au rôle des griefs entretenus contre l'ancien secrétaire et conseiller du président Harding : « Mon mari, Orion infatigable, confond à plaisir l'ombilic avec la fleur plus pure de la procréation. » M. Hays aurait dû épouser en secondes noces Kim Novak dont le nombril agrémenté d'un diamant digne de Shéhérazade est la vraie star de *Kiss Me Stupid* (1964), du merveilleux Billy Wilder. Un de ces scandaleux « Européens » qui portaient à Hollywood le virus de la dépravation contre lequel s'élevait M. Hays (avec, il faut toujours le rappeler car on l'oublie trop, l'accord, l'assentiment et le soupir de soulagement des grands patrons des studios).

Kim, glamoureuse personne que Hitchcock réussit à rendre faussement glaciaire dans *Sueurs froides*, dans son rôle de « double », et extrêmement animale dans son rôle de pute « normale », afficha dans l'*Embrasse-moi, idiot* de Wilder une vulgarité réjouissante. Ses jupettes moulantes, sa bouche, son regard de koala khôlé, sa nudité devinée — soulignée, et elle s'en vantait à juste raison — sous 25 grammes de coton n'égalèrent en rien la puissance de fascination de son nombril ; les placards du film aux frontons des salles le montraient enrichi d'un joyau de néon clignotant rubis-émeraude, émeraude-rubis. William H. Hays ne s'en fût pas remis.

Wilder, érotomane plaisant, lui offrit une scène d'une rare candeur : surprise dans sa loge en appareil fort simple, elle ne cherche, pour sauver sa pudeur, que son cache-nombril.

Dans le même temps, et innocemment, ce film affirme que l'amour fétichiste, digne d'un jeune *fornarino*, affiché par l'abominable sénateur Hays pour le nombril de sa femme — qu'on suppute ravissante et sensuelle, à sa manière de s'exprimer (l'« infatigable Orion » est bien) —, rend le redoutable censeur plutôt sympathique.

Au moins goûtait-il des plaisirs.

3

On a évoqué la radieuse vulgarité de Kim Novak dans *Kiss Me Stupid*. Était-ce bien de la vulgarité ? Le metteur en scène, Billy Wilder, se situe au-delà d'une telle accusation (qu'il revendique, en passant) et d'un tel préjugé.

L'impression de « vulgarité », pour l'époque, tient

à une rupture d'habitude. Le spectateur — et le critique, son éclaireur, ce traîne-savates — se satisfaisait du grivois, du coquin. Ici, on lui proposait, avec *Embrasse-moi, idiot*, du sexuel.

Kim était pur sexe.

Nombril à l'air, nombril allumé, hanches de pouliche prête à la monte, seins durcis sous le coton, elle s'offre et provoque. Avec humour, certes, mais repassez certains plans dans votre mémoire, à qui, aujourd'hui, fait-elle penser ?

Qui a copié cette Kim-là plutôt que la Kim vêtue de lin candide dans *Picnic*, de Josua Logan ? Concentrez-vous sur le nombril.

Vous avez trouvé : Madonna.

4

On peut se moquer de la voix de Minnie Mouse, de cette donzelle italo-américaine couinant *Like a Virgin* — la presse américaine et une partie de la française jamais ne s'en privèrent —, mais elle est là. D'abord attifée de soutiens-gorge baleinés, de dentelles de rombière déjantée, de crucifix baladeurs, le tout venant des puces ; et de nombril à l'air.

Un nombril qui danse.

Pas comme celui de Salomé, de Shéhérazade, celui d'une vierge « un petit putain », chanterait le doux Clément Marot.

La grande Martha Graham, silhouette d'impératrice, profil de Tseu-Hi, déclarait : « On danse avec son vagin. » La fille Ciccone commença par le nombril.

Le reste suivra.

Elle évoluera sans changer de volonté : le *sex power*. Mais en affichant des changements d'affinités. Du moins leurs simulacres : travestissement, lesbianisme mis en scène. Au nom de l'égalité : « Une femme est un homme. » Et ne chante-t-elle pas *Nous baisons les femmes* (*We Fuck Women*) ?

On peut, comme Kim, la juger vulgaire.

Il n'empêche qu'avec ce combat-là, ces exhibitions de nombril et autres, elle a foudroyé une planète entière. Et la bisexualité universelle affichée, jouée (pratiquée ?), n'a rien à voir avec les douceâtres attouchements d'adolescentes des *models* du photographe David Hamilton.

Aussi, elle fascine les plus sages bourgeoises. Comme la délicieuse Rosanna Arquette de *Recherche Suzanne désespérément*. Dans ce film avant-coureur de sa gloire (Madonna n'était pas encore célèbre), qu'est-ce qui trouble la douce Rosanna au charmant nez en l'air : les oripeaux trouvés dans une valise ou le parfum de liberté totale aux frontières du scandale — frontières souvent violées — qui sourd de cette inconnue traquée par voie de petites annonces ?

Le nombril de Madonna comme haut lieu de sédition ?

Oui. Mélangeant les corps et les sexes, Madonna peut-elle encore exister hors la provocation ? Elle devient mannequin de cire en vitrine. Une publicité. « Notre-Dame de la Promotion perpétuelle », selon un de ses quatre biographes (pour l'instant), Christopher Andersen.

Dernière trouvaille, après le célèbre « J'aurais voulu

baiser Dietrich » (on se demande pourquoi feu l'Ange bleu râla, elle qui accompagnait, travestie en garçon, ce cochon de von Sternberg au célèbre claque parisien Le Chabanais) : « Dieu est bisexuel. »

Chérie, si tu savais...

5

Si tu savais d'où vient notre nombril.

Platon nous l'explique dans *Le Banquet*, texte sur l'amour. L'humanité naquit androgyne. Elle faillit à ses devoirs envers la divinité, Zeus se fâcha.

Du coup, il tranche dans l'être double dont, désormais, chaque moitié esseulée courra le monde en pure perte à la recherche de « sa moitié ». Apollon, artiste de l'Olympe, est chargé après ce coup de couteau de bricoler des cosmétiques pour que chaque demi-portion offre un aspect présentable.

Selon Platon, « Apollon, ramassant de partout la peau sur ce qu'on appelle à présent le ventre, comme on fait des bourses à courroie, ne laissait qu'un orifice et liait la peau au milieu du ventre : c'est ce qu'on appelle le nombril ».

Et Bonaventure Des Périers de chanter

« L'ancienne Cicatrice
De la rongneure doloreuse
Que Déité trop rigoreuse
Feit jadis au povre Homfenin
Animal sans fiel ni venin ! »

L'androgyne, l'homme-féminin, est donc sans fiel ni venin. Du coup, Madonna mérite son prénom.

Une sainte, vous dit-on.

C'est, tout de même, créer grand tumulte au sujet d'un bout de boyaux noué.

6

Ce trou est un plein. Chrétiennement, il signe notre animalité dans la naissance. On se rappellera les réjouissantes controverses picturales et papales sur la représentation d'Adam et Ève : comment pouvaient-ils posséder un nombril, n'étant pas nés d'un ventre de femme ? A moins que Dieu ne soit doté d'une autre sorte de cordon ombilical.

Ce quelque chose qui s'étire et nous reliait à la mère, ce machin qu'on tranche et qu'on noue, séchera et tombera de lui-même. Alors nous serons vraiment nous.

Aussi le nombril est-il notre moi parfait. Ce qu'on contemple quand on ne contemple que soi. Tout tourne autour de lui, pas seulement nos fantasmes, l'univers entier.

L'Étoile polaire est nommée « nombril du ciel » dans les sagas nordiques, qui prisaient fort la métaphore (lire Jorge Luis Borges et son *Essai sur les anciennes littératures scandinaves* (chez Christian Bourgois) ; Jérusalem et son verso au « dos » de la planète, l'île de Pâques, sont l'un et l'autre nommés « nombril du monde », dans des textes plus chrétiens.

Et le lotus, fleur considérée par toutes les mythologies comme le symbole de la première apparition de la vie, n'est autre, en Inde, que le « nombril de Vishnou ».

7

Leonardo da Vinci dessina dans un cercle les « proportions de l'homme ». Il s'inspirait de Vitruve. Marcus Vitruvius Pollio, architecte romain qui, le premier, codifia et colligea les principes de l'architecture classique (grecque). Il vécut au Iᵉʳ siècle de notre ère. Il fut bâtisseur militaire pour César et « conseiller » d'Auguste, cet empereur qui, « ayant trouvé Rome faite de briques, la voulut rendre de marbre ».

Leonardo, en fait, un millénaire et demi après, un pur idéologue de la Renaissance : l'homme étant mesure de toutes choses, microcosme miroir du macrocosme. Il écrit dans ses *Carnets* : « Vitruve déclare que la nature a agencé les dimensions de l'homme de la façon suivante : 4 doigts font une paume, et 4 paumes un pied ; 6 paumes font une coudée, 4 coudées une hauteur d'homme, et 4 coudées font aussi une enjambée ; 24 paumes font une hauteur d'homme, et ces mesures se retrouvent dans les édifices. »

La nature selon Marcus Vitruvius Pollio et Leonardo était une farouche mathématicienne.

On poursuit : « Si tu écartes les jambes au point de réduire ta taille d'un quatorzième, et tu ouvres les bras et les lèvres, jusqu'à toucher le sommet de ta tête avec tes doigts médians, sache que le nombril sera au centre du cercle formé par les extrémités des membres étendus, et l'espace entre les jambes formera un triangle équilatéral. » Le tout inscrit dans un cercle, dans un O, la lettre-nombril.

Depuis, l'entreprise Manpower s'est emparée de l'homme écartelé de Vinci pour sa publicité.

Chez l'humain, comme chez le cochon, rien ne se perd, tout est bon. Surtout le nombril ; quand on sait le vendre.

8

Comme toute création humaine — et divine —, la France possède un nombril : une petite commune de trois milliers d'âmes nommée Bruère-Allichamps. Située dans le Cher entre Bourges et Saint-Amand-Montrond, elle est sacrée « centre de la France ».

Ce centre géographique est figuré en plein milieu d'un carrefour de la RN 144 par une ancienne borne milliaire. Un *omphalos* (nombril), telle cette pierre blanche dressée à Delphes et qui marquait, selon Pindare, le centre de la Terre. Aux temps héroïques, on en trouvait partout, à Delphes, donc, comme au temple de Jérusalem où elle aurait supporté l'Arche d'Alliance. Alors, pourquoi pas à Bruère ?

Un projet existe dans des cartons d'un grand architecte de ce temps, Claude Parent, élève de Le Corbusier et un des maîtres du « brutalisme » (terme qui n'a rien à voir avec la brutalité mais tout avec le naturel de la matière). Ce projet est digne, quant à la légende, de l'invention des tortellini.

Claude Parent, nouveau Vitruve, eut l'idée d'un édifice-nombril, de béton rond et ondulé, qui serait construit là-bas, dans le Berry. Nous eûmes le privilège de consulter ces projets. On y aurait trouvé salles de spectacles, auditoriums, théâtres, parcs de sports et de jeux, centre commercial.

Peut-être une église et autres lieux de culte.

Qui connaît la région, ses doux vallonnements, dont l'un cache au monde séculier l'austère beauté de l'abbaye de Noirlac, et les longues rangées de peupliers qui s'argentent le soir et que tout le Berry et le Bourbonnais doivent depuis quatre siècles aux bons soins de M. de Sully, imagine avec plaisir l'édification d'un tel nombril de béton brut et de verre.

Précisons que Claude Parent est un architecte sérieux. On lui doit des traités comme *Vivre à l'oblique*, l'église Sainte-Bernadette de Nevers, un bon bout de la Part-Dieu, à Lyon — et, douleurs pour les écologistes intégristes, les centrales atomiques de Cattenom et de Choos ; édifiées selon ses préceptes énoncés dans *Architecture et nucléaire* et *Les Maisons de l'atome.*

L'esthète non waechtérien s'accorde à les juger réussies.

9

Au registre des *curiosae* concernant ce nombril qui, au cinéma, tenait le rôle de « doublure » d'orifices plus naturels, dont « la fleur plus pure de la procréation » chère à l'ex-Mme Hays, on ne saurait passer sous silence ces quelques lignes de N. T. Binh dans l'excellent ouvrage collectif *Une encyclopédie du nu au cinéma* (éd. Yellow Now) : « Qui aurait imaginé, il y a trente ans, qu'on arriverait un jour à faire frire un œuf sur le nombril d'une jolie femme ? »

La scène se passe sur le ventre aimable de la brûlante Valeria Golino, dans *Hot Shots*, signé par Jim Abrahams, en 1991.

On peut toujours tenter de faire mieux.

Par exemple, de saler le blanc et de saupoudrer le jaune de paprika, selon les conseils de l'inspecteur Lavardin et du commissaire Claude Chabrol.

10

Par ailleurs, le nombril est la ville-frontière entre la partie spirituelle du corps platonicien, le haut apollinien, où règnent le cerveau et le cœur, et sa partie basse, dionysiaque, qui enferme intestins, génitoires et cul.

Nous y arrivons. Passons le pont. Nous verrons bien si des fantômes viennent à notre rencontre, comme dans *Nosfératu*.

Vulve de Baubo, rire de déesse

1

Pourquoi moissonnons-nous ? Parce qu'une servante flétrie montra son pubis à une déesse. Sans ce geste, la planète ne serait que sable et désert. Un Sahel mondial, une famine généralisée. Que nous n'en souffrions pas dans nos contrées n'implique pas que nous devions nous en désintéresser.

Quant à ceux qui, au vu du titre de ce chapitre, tiqueront sur le terme de vulve, nous leur répondrons que le mot est scientifique, admis, beau. Qu'il sonne comme un nom à l'aspect de fruit, comme pulpe et pute, et que toute autre appellation plaisante (on en recense 550) nous semblerait indélicate.

A part chatte. Pour des raisons de tendresse réciproque et animalière qui ne regardent que ma persane Daphné et moi.

Donc, une servante, une déesse. Un des plus beaux mythes grecs, un des plus occultés. Une histoire d'amour, de protection, de maternité, de désespoir, de compromis — expression supérieure de l'intelligence.

La servante répondait au curieux nom de Baubo.

2

Déméter était désespérée. Sa fille Perséphone (engendrée par une étreinte avec Zeus) avait été enlevée par Hadès, dieu des Enfers, qui ne songeait point à la lui rendre. On le comprend si la statuaire ne ment pas : seins haut placés pointant vers l'Olympe, hanches fondantes.

Déméter, tendre mère, partit à sa recherche dans une longue quête errante qui la mena à Éleusis, modeste bourg de l'Attique où régnait un brave homme de roi, Kéléos. C'était l'époque ou, selon la définition charmante de Giraudoux (in *La guerre de Troie n'aura pas lieu*), la Grèce c'était « beaucoup de rois et de chèvres éparpillés sur du marbre ».

Kéléos et son épouse Métanire accueillirent Déméter comme il convient. Non parce qu'ils la savaient déesse — Déméter, pour tromper son monde et conserver l'incognito, s'était grimée en vieille femme —, simplement Kéléos et Métanire étaient des hôtes prévenants et généreux. Ils l'engagèrent comme nourrice de leur fils Triptolème.

Le désespoir de Déméter, notre sainte mère, n'en restait pas moins des plus profonds. Comme sa colère ; la terre était stérile, de par sa volonté. Et elle-même refusait toute nourriture, toute boisson. Ici deux légendes s'entrecroisent. Selon Homère, Déméter abandonna son deuil par un éclat de rire résultant des propos d'une réjouissante obscénité que lui tint la servante Iambé. Homère, aveugle manquant de générosité pour les lecteurs futurs, néglige de les rapporter.

Selon des pères de l'Église (dont Clément d'Alexandrie et Eusèbe de Césarée), c'est à Baubo que revint cet honneur, non par ses discours, qui sembleraient plutôt convenus, mais par un geste incongru.

Baubo parle à la mère éplorée mais ne la console pas. Alors, d'un geste vif, elle retrousse son péplum et Déméter surprise, ébahie, contemple la pilosité de Baubo, ses nymphes et ses labies. Elle rit aux éclats. Et rompt son jeûne de deuil avec un grand bol de *kukeôn*, brouet fait d'eau, de farine et de pouliot (menthe forte). La Grèce est riche en marbre et en mythologie mais pauvre en gastronomie.

S'ensuivra, par l'entremise de Zeus (il avait quasi violé Déméter, comme d'autres, pour engendrer Perséphone), un accord entre Déméter et Hadès, ce diable amoureux : Perséphone reviendra six mois sur terre et six mois demeurera aux Enfers. Ainsi va le rythme des cultures ; le grain reste sous terre avant de germer et de recouvrir nos champs.

Puis Déméter remettra un épi de blé au jeune prince Triptolème, à sa charge de le distribuer et de l'essaimer partout dans le monde. Quant à la bourgade d'Éleusis où règne le débonnaire Kéléos, elle deviendra la seule cité « mystique » de la Grèce antique. En son temple on y célébrera mille mystères, dont certains érotiques, sur lesquels planchent encore historiens, archéologues, ethnologues. Aujourd'hui, Éleusis ressemble au Creusot.

3

Rares sont les figurations de « sainte » Baubo au Geste Leste. Le plus souvent ce ne sont que des statuettes de terre cuite. Elles représentent une tête maintenue par deux jambes seulement. Les yeux sont à la hauteur des seins, le nez est à celle du nombril et la bouche remplace la vulve. *Le Viol* même de Magritte, deux mille cinq cents ans avant.

Pour atténuer le « scandale » du geste de Baubo, certains premiers chrétiens l'adoucirent, l'édulcorèrent en prétendant que sa vulve était grimée en tête comique, ou que sous les jupes (plutôt le *peplos*) de Baubo s'était caché un jeune enfant, Iacchos, qui à la levée du voile se montra riant et agitant la main, déclenchant l'amusement de la déesse.

Un jeune garçon sous le péplum d'une femme, avant l'invention et l'utilisation récentes du pantalon, de la petite culotte ou du string ridicule, figure-t-il une convenable édulcoration ?

4

Ce « scandale » sauveteur de nos récoltes eut récemment un petit frère au cinématographe. Et sauva lui aussi les moissons de pognon d'un film de par le monde. Nous voulons parler de *Basic Instinct* de Paul Verhoeven. Et de *sa* scène célèbre qui fournit la gloire à Mlle Sharon Stone, femme qui mérite mieux que ça.

Il n'en est pas moins vrai qu'en offrant son intime blondeur à la caméra, aux acteurs (des flics l'interrogeant) et aux spectateurs, Mlle Stone commit une bonne action. Avec un franc sourire, qui ajoute au bonheur de l'entre-vu. Car elle pensait « qu'on ne verrait rien ». Son ami Paul le lui avait promis. Elle l'a cru.

Sharon, nouvelle Baubo, croisa et décroisa ses longues jambes à l'envi (pendant de minuscules secondes, à l'écran, s'entend). Sans trop se demander pourquoi Verhoeven, certainement par souci de réalisme, de « vérité du personnage » et par nécessité du scénario, lui refusait le port de tout sous-vêtement. « Il m'a dit : “ Ma chérie, ton slip fera une tache blanche sur l'écran. Veux-tu, s'il te plaît, l'enlever ”, a-t-elle confié à un de ses 857 intervieweurs après la scène. J'ai obéi. Sans penser que ma robe aussi était blanche. »

O candeur du coton ôté !

Cela devint *la* scène du film. Dont on oublia aussitôt les imperfections. Cela dénatura aussi la vision qu'on pouvait avoir de Sharon Stone. Son nom fit naître quelque sourire généralement teinté d'un soupçon de mépris. Injuste et injustifié. C'était oublier sa beauté et son talent (l'a-t-on vraiment vue dans *Total Recall*, du même Verhoeven, d'après Philip K. Dick ?). « J'ai l'air d'une gourde blonde ; mais à l'intérieur je ne suis pas blonde du tout. » La métaphore est séduisante ; et étrangement inquiétante.

Du coup, elle était star. Non pas parce qu'on voyait ou plutôt entrevoyait. Parce qu'elle montrait (sans le vouloir, vraiment ? Le sourire dément).

Grâce à ce geste, Mlle Stone produit désormais

2,5 films par an et ses contrats stipulent son contrôle absolu sur ses scènes érotiques à l'écran. Par refus de se trouver dans l'obligation, comme pour le ridicule *Sliver* de l'oubliable Philip Noyce, de simuler trois orgasmes en quatre minutes.

Actuellement, Sharon tente de monter un remake de *Belle de jour* de Buñuel — elle affirme son bon goût — mis en scène par Roman Polanski.

5

On aurait tort d'imaginer qu'avec ce coup d'éclat un vent de liberté souffla sur le 7e Art.

Nous disons bien liberté, car nous préférons qu'une femme se dévête au cinéma (par contrat) plutôt qu'on la voile de force dans la vie, comme il est devenu obligatoire sous peine de lapidation dans certains pays. Toutes les actrices à poil ne sont pas des Jeanne d'Arc, mais toutes les femmes voilées sont des victimes.

Non, la liberté ne chante pas. Il suffit qu'un éditeur ressorte un tableau oublié de Gustave Courbet pour illustrer la couverture d'un roman, et la tempête se lève et interdit le livre à l'exposition en vitrine des libraires. Le tableau se nomme *L'Origine du monde* ; il montre un sexe féminin, des cuisses féminines écartées ; tout idéalisme entourant, de tradition, la représentation du nu étant aboli.

6

L'affaire débuta à Clermont-Ferrand au pied même de la grande cathédrale gothique, taillée dans la lave des volcans, bien refroidis depuis. Au bas du parvis, près de la place où fut prêchée la première Croisade, par le pape Urbain II soi-même au cri de « Dieu le veut ! ».

Là se tient la librairie de M. Jean Rome, lointain descendant du révolutionnaire Gilbert Romme (un « m » a disparu aux lavages des siècles, de la contre-révolution et des taquineries orthographiques des employés de l'état civil). Cela pour le décor qui sied à la scène qui va suivre. M. Rome, libraire, qui fut dans les années 60 la providence de « crédit » de maints étudiants clermontois (nous en fûmes), met en vitrine de son magasin le dernier ouvrage de Jacques Henric, *Adorations perpétuelles*, dans l'excellente collection de Denis Roche « Fiction & Cie », au Seuil.

L'ouvrage offre donc en couverture le fatidique Courbet. Au matin du samedi 26 février 1994, deux archets du guet, pardon, deux sergents de ville viennent intimer le libraire d'ôter « ça » de sa vitrine en vertu de l'article 283 du Code pénal enrichi du nouvel article L 227-24. L'article aggravant ledit 283 est dû au sénateur (groupe des Républicains et indépendants) du Maine-et-Loire, Charles Jolibois.

Les censeurs, chez nous, sont souvent affublés de noms plaisants : le célèbre procureur qui fit procès, en 1857, à Baudelaire pour ses *Fleurs du mal* et, dans la foulée, à Flaubert pour *Madame Bovary* se nommait Pinard. Cela lui permet de rester en mémoire (et dans l'histoire) au rôle des sinistres plaisantins.

L'après-midi du même samedi, une dame zélatrice du Jolibois vient rebrandir le saint article de loi. On s'émeut. On y regarde de plus près. Qu'est-ce donc que ce tableau de Courbet qui crée tant de tracas ? Et que fait-il en couverture d'un roman ?

L'ennui est qu'il ne s'agit pas là d'épate-bourgeois ; le tableau est en situation. *Adorations perpétuelles*, de Jacques Henric, conte en effet l'esprit de liberté né du côté de Besançon entre les deux grands hommes de la ville, Charles Fourier l'« utopiste » et Gustave Courbet l'« utopo-réaliste ».

L'Histoire est taquine ; et les esthètes du plaisir forment une grande famille. Aussi est-on heureux de rappeler que Charles Fourier est également le beau-frère du doux « épicurien modéré » M. Anthelme Brillat-Savarin. On reconnaîtra son humanisme en rappelant qu'il dressa une typologie des 76 sortes de cocus, définit l'orgie comme un « besoin naturel de l'homme », n'exclut aucune forme de sexualité et créa la « gastrosophie » dans le dessein d'établir l'Harmonie universelle ; et qu'il ordonnait cinq repas par jour (autant que des services divins dans un bon monastère). Il remplaçait également les guerres entre États par des concours gastronomiques de plats nationaux.

Le héros et narrateur d'*Adorations perpétuelles* est un dramaturge et metteur en scène moderne qui tente de monter une pièce sur cette rencontre au sommet entre deux maîtres du rêve et de la générosité du siècle passé. Tout va mal en ce siècle — le nôtre — de fer et de sournoiserie. Et le pauvre garçon succombe sous les soucis et embûches pour montrer et monter la sublime genèse de cette sacrée *Origine du monde*... Se reporter au roman. Qui n'est pas très gai, mais dont la couverture, on le sait, transmute avec agrément une bibliothèque.

L'auteur, Jacques Henric, n'est pas un dangereux individu fiché par les RG, la DST, la CIA et le KGB. Simplement un esthète passionné déjà auteur de *La Peinture et le Mal* (1983) et de *Le Roman et le Sacré* (1990), chez Grasset. Rien à voir avec un malfaiteur digne de tomber sous le coup de la loi Jolibois : « Le fait, soit de fabriquer, de transporter, de diffuser, par quelque moyen que ce soit, un message à caractère violent ou pornographique. »

Le 1er avril 1994, le ministre de la Culture d'alors, M. Jacques Toubon, précisa : « Je considère que les différentes initiatives prises pour empêcher ou diminuer l'exposition de ce livre constituent une tentative ridicule de censure, s'agissant d'une œuvre d'art en elle-même belle et respectable. » On ne peut qu'applaudir. La prose du texte et son aguichante illustration sont en effet « belles et respectables ».

Arrêtons là avec la chicane, qui se poursuivit puis s'assoupit. Comme conclut élégamment, dans *Libération*, Pierre Guyotat (qui subit lui aussi les foudres de l'interdiction, de 1970 à 1981, pour son *Eden Eden Eden*) : « Ce n'est pas avec du Jolibois qu'on fait la France, c'est avec du Courbet. »

Donc avec ce Courbet-là.

7

L'Origine du monde n'est pas très grand, quant aux dimensions : 55 × 46 centimètres. Il montre le haut des cuisses, le ventre, le bas du torse d'une femme étendue sur le dos, sa chemise troussée dévoilant la raie fessière qui se poursuit jusqu'à la fente cramoisie de la vulve où s'étale une belle toison. C'est évidemment dans cette région qu'on situera le signifiant du titre ; titre qui, soit dit en passant, ne viendrait pas de Courbet mais de son client, Son Excellence Khalil Bey, ambassadeur de Sa Majesté ottomane à Paris, qui lui commanda l'affaire en 1866 et le camoufla sous un paysage de neige (doté d'une église) du même Courbet.

L'œuvre fut peinte d'après nature. Ce serait la belle Johanna Hiffmann, irlandaise mais néanmoins maîtresse de cet Anglais triste, Whistler, qui accepta de prendre la pose pour Gustave. Son attitude, comme le pinceau du peintre, est d'une belle générosité. Il règne sur ce morceau de corps un alanguissement qui suppute la liberté et non la demande ou la contrainte. On a bien voulu ainsi se montrer. En douceur.

En une offrande majeure de Johanna au peintre, puis du peintre à ses acheteurs. A ses spectateurs. Aragon s'en serait inspiré pour *Le Con d'Irène*, puis, devenu stalinien pour les yeux d'acier bleu d'Elsa la Rouge, simula l'oubli de cette œuvrette. Aragon n'a plus aucune importance.

Jacques Lacan fut un des heureux successeurs de Khalil Bey, via un baron de Budapest, dans la possession de ce « con de Johanna », mais il le planquait derrière un dessin de Masson. Et, pfft ? disparu.

Un matin de juin 1995, il réapparut. Au musée d'Orsay. Sous verre blindé, comme il se doit pour les grandes œuvres. De quoi en effet serait capable la bêtise ? On vit bien Napoléon III Badinguet cravacher une croupe du même Courbet lors d'un salon.

Le dira-t-on ? On fut un peu déçu. Non de contempler à cru la belle pâte blanche étalée ; mais le mauvais esprit qui anime toute pensée nous poussait à rêver. A soupçonner quelque ligue de vertu de l'avoir acheté sous le manteau, d'en avoir fait don au Saint-Siège en remerciement de textes de Leurs Saintetés Pie IX (encyclique *Vigilanti Cura*, 1936), Pie XII (dans un discours de 1955, puis dans l'encyclique *Miranda Prorsus*, 1957), enfin du cardinal Angelo Giuseppe Roncalli, patriarche de Venise en ouverture du 19e Festival de Venise (1958) et futur Jean XXIII, qui tous ont félicité ce genre d'activité d'ordre moral et applaudi les séides de la Legion of Decency et du sénateur Hays.

Où aurait été mieux placée, il est vrai, *L'Origine du monde*, sinon dans le voisinage des manuscrits de la mer Morte ; dans les caves du Vatican ?

Autre cosmogonie, détaillée, soignée, scientifique, en rien vulgaire, mais réaliste.

8

Courbet demeure l'inventeur du terme de « réalisme », dans la peinture. Au nom de ses idées politiques : « Je suis réaliste car socialiste », lança-t-il lors d'un congrès à Amsterdam. Il mourut en exil en Suisse, ruiné, ses œuvres saisies et dispersées.

On peut se moquer de sa mégalomanie (son *Bonjour, monsieur Courbet* où son marchand et mécène, Bruyas, est représenté, guindé, le saluant chapeau bas sur la route de Sète à Montpellier), de ses tonitruances, de sa démolition de la colonne Vendôme pour fondre les canons de la Commune, mais sa fin — et son œuvre — commande le respect.

Ses *Casseurs de pierre* font entrer les prolétaires dans la peinture, son *Enterrement à Ornans* égale *L'Enterrement du comte d'Orgaz* du Greco. Et son *Origine du monde* renvoie toute l'hypocrisie d'un siècle qui fit aussi procès à Gustave Flaubert, dans le refuge, non des jupes de maman, mais des virevoltantes soutanes des « gardiens de nos âmes » à la Curie.

Dieu merci, leur siècle était poète aussi.

Et ce qu'on refusait en images, on l'avalait — quoique avec peine — en vers.

Des *Voyelles* de Rimbaud aux « naissances latentes », nous retiendrons le triangle du A. Certes, il est convenu, depuis toujours, depuis que l'humain a gravé de la pierre, de représenter le sexe féminin par un V (et ce, bien avant l'invention du V). Rimbaud, qui préférait la verge à la vulve, l'inverse et l'érige fièrement en A.

> « A, noir corset velu des mouches éclatantes
> Qui bombinent autour des puanteurs cruelles
> Golfes d'ombre [...] »

Tout est là, le « velu » et même ce tabou du sang qui s'en écoule à chaque lune (premier sens de cruel, issu du latin *cruor*, saigner). Le voilà notre Alpha, début de nos vies ; « origine de notre monde ». Seul vrai lieu de naissance. Par où nos mères nous conçoivent et nous expulsent.

A la suite d'une mauvaise interprétation de ce phénomène naturel, Macbeth perdit son trône.

Voilà en fait ce qu'auraient pu dire les magazines à sensation après la courte vision de l'adorable « larmier fauve » d'une jolie femme nommée Sharon Stone.

9

Oui, Macbeth, celui de William Shakespeare. Cet usurpateur assassin auquel des sorcières ont prédit qu'il serait vaincu et tué par « un homme non né d'une femme », autant dire personne.

Noublions pas que Macbeth était écossais. Peut-être, si sa lady montrait, elle, quelque prédilection pour « tous les parfums de l'Arabie », lui, l'usurpateur, s'embrumait-il le cerveau au célèbre flacon malté.

Macduff qui va le détrôner eut pourtant une mère. Mais il n'est pas né *normalement*. Il vit le jour par césarienne. Comme quoi, même chez le plus grand écrivain de tous les temps, William Shakespeare, on rencontre au détour (d'une « nécessité de scénario » ?) autant d'idées reçues que chez nos bons pères de l'Église, pour lesquels *Tota mulier est in utero*. Et qui se complaisent à nous rappeler que nous naissons *inter fesces et urinas*. Oui, et alors ?

Si, déjà écœurés par la sottise, les lecteurs ont l'estomac sensible, nous leur déconseillons la lecture du passage suivant.

10

Peut-on manger de la vulve ? Quelles sont ses vertus nutritives ou gastronomiques ? Un bon vieux mythe existe certainement, mais nous en voilà rassasiés. Chez les modernes, on ne saurait accorder notre confiance qu'à un être abject, Issei Sagawa.

Cet étudiant japonais tardif (il avait trente et un ans), « petit et laid » (de son propre aveu), tua, viola et dépeça une étudiante hollandaise de vingt-deux ans, Renée Hartevelt, le 11 juin 1981, au 10, rue Erlanger, à Paris.

Selon l'appétissant ouvrage de Pierre-Antoine Bernheim et Guy Stavridès, *Cannibales !* (Plon), Sagawa fait frire quelques bons morceaux après les avoir laissés au frigo, car on ne doit pas manger la viande d'un animal fraîchement tué. Il trouve le sein « trop gras », mais une escalope tranchée dans la hanche lui rappelle le goût du *maguro* (thon), et aussi celui d'un *sashimi*.

Le 30 mars 1983, il bénéficie d'un non-lieu, est expulsé au Japon en 1984. Ce transfert, selon les deux spécialistes cités, « coïncide, semble-t-il, avec la signature d'un contrat juteux entre Elf Aquitaine et Kurita Water Industries, alors présidé par M. Sagawa père ».

Interné, il reconquiert bientôt sa liberté. Il peint (« aussi doué qu'Adolf Hitler »). Et commet un ouvrage autobiographique intitulé *Dans le brouillard*, que la France, reconnaissante de s'en être débarrassée, ne craignit pas de publier.

On y lit, après la dégustation du sein et de la hanche : « Puis j'ai eu envie de goûter au sexe de Renée. Je l'ai découpé, j'ai essayé de mordre dedans, mais l'odeur était tellement forte que je ne pouvais pas. J'ai dû le faire cuire. »

Le souci de vérité oblige à préciser qu'il l'a poêlé.

Allons prendre un peu l'air du côté de la prose française la plus limpide.

11

Denis Diderot se souvint de quelques contes joyeux du Moyen Age, et en plein siècle des Lumières, qu'il contribuait, on sait comment, à allumer, s'offrit et nous offrit le délassement des *Bijoux indiscrets* que l'aigre Gide lui-même avouera plus tard « lire avec ravissement ».

Diderot, après avoir donné la parole au peuple avec son *Jacques le Fataliste*, aux marginaux avec son *Neveu de Rameau*, l'octroyait à une autre minorité silencieuse, le sexe de la femme, son « bijou », comme le pouvoir mâle le nommait joliment.

Dans un Congo de fantaisie, à la cour d'un sultan de rêve et bon enfant, Sa Majesté s'ennuie. Un mage lui donne un anneau qui a pouvoir de faire parler cette bouche sans langue ni dents. Voilà qui vaut bien la lecture matinale du *Moniteur* à laquelle s'astreignait Sa Majesté Louis XV dit le Bien-Aimé. Le sultan obtient donc des chroniques coquines de première bourre sur la vie des dames de sa cour. Il songe aussi à expérimenter cette aimable magie sur la belle Mirzoza, sa favorite ; ce qui n'est pas du dernier galant... Qui a lu ces *Bijoux* connaît ce pur joyau, qui ne l'a jamais lu connaîtra la chance de la découverte et se les procurera chez GF.

Pourquoi l'homme qui venait d'entreprendre la traduction du *Dictionnaire de médecine* de James, et de lancer le chantier de son *Encyclopédie*, commit-il cette fantaisie érotique ? Air du temps ? L'époque se montrait d'une indulgence plénière pour la littérature libertine, et les filles du roi elles-mêmes, dont la plus délurée, Madame Adélaïde, ne rechignaient pas à sortir des secrets de leurs cabinets certains opuscules à feuilleter d'une main.

Dans les « petites maisons » qu'aménageaient nos grands, nos princes et nos riches marchands, on représentait aussi quelques piécettes en un acte, pour un public choisi et peu nombreux. Les représentations avaient lieu à huis clos. Comme aujourd'hui, on se passe dans les banlieues des vidéos porno en buvant de la bière. L'époque avait plus de grâce. Les textes étaient signés de Crébillon (fils), Godard d'Aucourt, La Morlière, Chevriet, Nerciat, voire Vivant-Denon dont une aile du Louvre porte le nom ; pas en hommage, il est vrai, à cette littérature-là.

On préférait alors le bon ton à la moralité. Le bon ton d'écrire « des choses à faire tomber le tonnerre sur la maison », comme se vantera plus tard le baron d'Holbach. On doit toutefois avouer que certains textes se montrent assez grossiers, d'autres purement pornographiques.

On imagine aisément que notre Diderot, l'homme

des plus belles lettres d'amour (à sa Sophie Volland), ne trébuche ni dans l'un ni dans l'autre de ces travers.

D'après la date de parution, janvier 1748 (sans nom d'auteur ni de libraire, ainsi que la prudence le commandait, Polichinelle gardant le secret), il semblerait que ce cher Denis eût besoin d'argent. Pour l'entretien onéreux de Mme de Puisieux ; or l'éditeur Durand lui offrit 1 200 livres au premier tirage. *Les Bijoux* en comptèrent cinq ou six.

Le roman est délicieux, tissé de charme, d'impertinence ; de trouvailles. Comme ce « bijou voyageur », le vingt-sixième testé, celui de Cypria. « Respectable momie qui, indécemment étalée, bâillait, parlait en bâillant, jugeait mal de tout, et n'était jamais contredite », pour laquelle ni Diderot ni son sultan Mangogul ne montrent la moindre amitié. « Sa peau petit jaune, bigarrée de rouge, imitait assez bien une tulipe panachée ; elle avait les yeux gros, la vue basse, la taille courte, le nez effilé, la bouche plate, le tour du visage coupé, les joues creuses, le front étroit, point de gorge, la main sèche et le bras décharné. » Pourtant, « cette femme avait fait, avec son bijou, une fortune à comparer à celle d'un fermier général ».

Et quand le bijou d'un corps si disgracieux entame le récit de ses aventures, on comprend son succès. Si l'on sait l'anglais, le latin, l'italien et l'espagnol, car Diderot, narquois et sournois, donne le don des langues à ce bijou-là (qui l'a bien pendue, la langue). Sans être polyglotte, on saisit le sens de « *his prick like a comet's tail shot flaming darts* » comme de « *Immanem ast usu frequenti vagina tandem admisit laxe gladium, novasque excigitavimus artes, quibus fututionem quotidianarum vinceremus fastidium* » ; le passage en italien « *con due cavalieri* » dotés des « *più furiosi cazi che risaltaro mai* » n'est pas plus pudique, et l'espagnol encore plus chaud.

Pourtant, dans ce *divertimento* glisse, sous le sourire, une ombre. Un sourire, oui, mais comme le soleil brumeux de Watteau. Diderot libertin ? Certes, par goût de la liberté, mais libertin tendre, loyal envers l'aimée (ici la belle Mirzoza). Il remplace la dépravation, le dévergondage, par une belle simplicité de cœur. Oui, si Boucher voisine avec Crébillon, Diderot cousine avec Watteau. En tristesse pudique, cette discrète élégance.

Et pourquoi pas en tendresse, avec Courbet, le pinceau en main devant le bijou de Johanna ?

12

Enfin, Malherbe vint et le premier en France sut rendre à la vulve une aimable importance.

Un sonnet célèbre nous reste de lui (parmi quelques autres du même tabac parfumé d'intime féminité). On l'apprend moins par cœur dans nos écoles que sa *Consolation à M. du Périer, gentilhomme d'Aix-en-Provence, sur la mort de sa fille*, mais il mérite pourtant d'être apprécié. On nous permettra de l'offrir *in extenso.*

« Ça, çà pour le dessert troussez-moi votre cotte,
Vite, chemise et tout, qu'il n'y demeure rien
Qui me puisse empêcher de reconnaître bien
Du plus haut du nombril jusqu'au bas de la motte.

Voyons ce traquenard qui se pique sans botte,
Et me laissez à part tout ce grave maintien,
Suis-je pas votre cœur, êtes-vous pas le mien,
C'est bien avecque moi qu'il faut faire la sotte.

— Mon cœur, il est bien vrai, mais vous en prenez trop,
Remettez-vous au pas et quittez ce galop,
— Ma belle, laissez-moi, c'est à vous de vous taire.

— Ma foi vous vous gâtez en sortant du repas.
— Belle, vous dites vrai, mais se pourrait-il faire
De voir un si beau c.. et ne le f..tre pas ? »

En quoi François de Malherbe, gentilhomme normand, père du classicisme charnu (il affichait le bon goût de préférer le français vivant « des crocheteurs du Port-au-Foin » au jargon latinisant des robins de l'époque), courtisan notoire, lèche-bottes patenté (mais avec quelle pureté de style !), ne respectait en rien les préceptes du Dr Sanctorius sur les bienfaits du « coït modéré » quant à la digestion.

On n'en espérera pas moins que, pour ce « dessert » troussé et furieusement échauffé, M. de Malherbe f..tît le si beau c.. ; et le f..tît bien.

Cette double paire de points est une merveille d'humour et d'insolence en cela qu'elle ne cache rien et allume la scansion.

Nous en ferons la dédicace, ainsi que celle de tout le « sonnet », à l'indiscret bijou de la digne et fière héritière de Johanna et de Baubo, Mlle Sharon Stone.

Le cul, philosophe du diable

1

Montaigne s'y connaissait en essai. Il y allait de la plus jolie façon : « A sauts et à gambades. » « Je vais au change, indiscrètement et tumultuairement. Mon style et mon esprit vont vagabondant de même. Il faut avoir un peu de folie qui ne veut avoir plus de sottise. » Et, dans ses moments du grand « Je doute », sa devise, ce cher ami au langage si charnel, si saignant, si plein des saveurs d'Oc et de vie, si plaisant, restait « assis sur son cul » dans sa librairie.

Saint-Simon soi-même ne rechignait pas à dessiner ce mot du bout de sa plume venimeuse mais précise. « Voulez-vous parier que je vais donner un coup de pied au cul de Béchameil, et qu'il m'en saura le meilleur gré du monde », rapporte-t-il du comte de Gramont, qui se livre à cc jcu cn pleines Tuileries, avant de s'en excuser plaisamment sous le prétexte qu'il avait pris pour son propre neveu le conseiller en architecture du roi — auquel on doit une sauce succulente, la béchamel, ce roux blanc accompagné de lait, parfaite pour anoblir l'œuf dur. On retrouve également le mot chez Mme de Sévigné, le cardinal de Retz ou Talleyrand.

En ces siècles civilisés, le mot n'avait rien de pédant, ni d'inconvenant, ni de provocant. Un cul était un cul et il était notoire qu'on s'asseyait dessus. Ou qu'on le bottait.

L'art et la clarté sont enfants de la concision. Or le mot cul est bref, sonne en une syllabe — comme son vent, le pet. Et, même encadré de ses deux gardiennes consonnes, depuis toujours les flics allant par paires, il n'est quasi que voyelle, donc une voix. Qui dit voix dit chanson. Aussi le chantait-on. Montaigne, encore lui, fait du pet un exemple même de la liberté de certains de nos « membres » et aussi la « toute-puissance de nostre volonté ». Il en appelle, au sujet du pet, à saint Augustin qui « allegue avoir veu quelqu'un qui commandait à son derrière autant de pets qu'il en voulait, et que Vivès, son glossateur, encherit d'un autre exemple de son temps, de pets organisez suivant le ton des vers qu'on leur prononçoit, ne suppose non plus pure l'obéissance de ce membre ; car en est il ordinairement le plus indiscret et tumultuaire. Joint que j'en sçay un si turbulent et revesche, qu'il y a quarante ans qu'il tient son maître à peter d'une haleine et d'une obligation constante et irremittente, et le mesne ainsi à la mort ».

2

Montaigne évoquait avec une franchise admirable les « tumultes » de son cul. Les médecins de son temps (qu'il méprisait avec constance) et ceux, plus sournois encore, et plus timorés, du XIXe siècle affublèrent l'orifice tumultueux du terme, qu'ils crurent noble, de fondement.

Ils seraient toutefois surpris que dans fondement on flairât aujourd'hui un relent de fondation.

Car il en est ainsi, nous existons aussi par notre cul. Or le cul n'est pas rien. Il nous débarrasse des déchets engrangés, ce qui est important pour la santé. Il permet la « feuille de rose », charmante trouvaille (de sémantique et de pratique), adoubée de lettres de noblesse poétique chez Apollinaire. Il invite à la flatterie, ne rechigne pas toujours à la sodomie.

Il arrive qu'il souffre d'hémorroïdes.

Contre ce mal pluriel, désagréable et dégoûtant mais banal, Emmanuel Kant, du haut de son *Anthropologie d'un point de vue pragmatique*, refusait de boire de la bière, « poison lent mais mortel » quoique prussien comme lui, qui lui serait par trop favorable. Or on sait, depuis Michel Onfray et son *Ventre des philosophes* (*op. cit.*), que le maître de *La Critique de la raison pure* s'enivrait plus que de raison ; avec du vin « de Hongrie ou du Rhin ou, s'il n'en avait pas, de Bishof », qu'il sucrait, et chauffait avec des écorces d'orange. Et, le matin, il s'envoyait un petit verre de rhum ; « moyen corporel de stimuler l'imagination ».

Emmanuel Kant souffrait aussi de constipation. Or

l'alcool a des vertus laxatives. Allant, selon l'abus, jusqu'à la débâcle intestinale.

Il est vrai qu'un fondement en bon état est nécessaire au philosophe (comme au poète, au dramaturge, au romancier, au bureaucrate), à l'engeance qui passe sa vie assise devant une table de travail.

D'un cul confortablement installé jaillissent des idées claires. Des grâces de plume.

Ainsi, Lytton Strachey, un des familiers du groupe de Bloomsbury de la chère Mrs. Virginia Woolf, ne se déplaçait pas sans son rond de cuir ; en fait un anneau de caoutchouc que l'on gonfle en soufflant dedans comme dans un ballon d'enfant.

Pratiquant la critique de grand style (lire ses *Éminents victoriens*), occupation qui, alors, était moins un gagne-pain de journaliste qu'un genre littéraire respecté, il ne s'en séparait jamais, fût-ce au tribunal d'Old Bailey, devant la chambre mi-civile, mi-militaire, lors de son procès : il était objecteur de conscience et refusait de partir pour la Grande Guerre.

On vit un ministre intervenir en sa faveur. Lytton Strachey était un homosexuel de stricte obédience.

Par-dessus tout, le cul est un concept.

Émile Littré lui accorde 21 acceptions.

3

Ce ne sont pas les seuls culs du plus célèbre maire de Bordeaux, de l'adorable Marie (de Rabutin) Chantal épistolière, du petit duc mémorialiste, qui l'avait si peu élevé au-dessus du niveau de la mer que la Cour le nommait le basset, ni du plus fameux poivrot de la Magistergasse à Königsberg qui nous intéressent ici.

Le cul est un objet poétique de première grandeur.

Il a gagné, en devenant terme générique, une parfaite universalité. A la différence du nombril et de la bouche, engagés, au cinéma, comme doublures d'autres orifices, le cul les résume tous à lui seul : livre de cul, film de cul, histoire de cul, scènes de cul... On y voit, lit, contemple, bien autre chose.

Ce simple nom a défini un genre.

Justice lui est rendue : il n'y a guère de partie du corps plus peinte, plus photographiée nue. S'habille-t-il qu'on le moule sous la jupe ou sous le pantalon, dans ces blue-jeans (attifement unisexe s'il en est) à « enfiler au chausse-pied », dit-on.

Il est le galbe absolu, comme le nuage et la vague.

Il est cachottier. Sous la rondeur il dissimule son orifice. Qu'il est du dernier mauvais ton de citer. Ce n'est pas ce « u » voyelle qu'on exhibe mais bien les deux matonnes, les deux matrones qui le gardent, le défendent, le cachent, les fesses, mot tout en consonnes, les « e », dont un muet, ne figurant que pour mieux les faire résonner, glisser, siffler, s'affirmer. Ce sont les fesses qu'on rameute, à la sournoise, pour l'évoquer, le flatter, en user.

Pour le toucher au plus secret, le pénétrer, il faut le chercher.

Son œillet possède le génie de l'obscur.

4

Sa sœur se nomme ténèbre. La fesse est solaire, mais le cul est noir comme l'enfer. La fesse est fille de joie chez François Boucher ; le cul surgit chez Rodin. En force ; cul d'homme ou de femme ; cul de damnés, désespérés.

Est-il bien raisonnable d'entreprendre un chapitre en niant tant les plaisirs ? En exaltant les dangers ? Pourquoi ne pas chanter les popotins minaudant des top-models, des publicités, de baigneuses croisées sur la plage, le roulis d'une passante, les hanches fondantes d'une adolescente — liste non limitative ?

C'est que le cul porte en soi quelque chose de terrible. Et toute sa beauté, toutes ses beautés en subissent le reflet. Ses joies laissent un arrière-goût amer de fleuve Absinthe, même si elles enivrent ou désaltèrent.

D'ailleurs, Sade en vantait le bienfait décidé par la Nature. Pour des raisons géométriques, il est vrai. Par une assez belle discussion, dans *La Philosophie dans le boudoir*, sur les rapports du rond et de l'ovale et les vertus de leur intromission par un membre somme toute cylindrique. La logique et Dame Nature votaient donc pour le cul au détriment du con.

On s'encule à foison, chez Sade. Et on réclame, en cas de négligence, eût-on quinze ans et l'inexpérience de Mlle Eugénie de Mistival entre les mains et autres appendices de ses inlassables et consciencieux « instituteurs amoureux », Mme de Saint-Ange et Dolmancé.

Curieusement, le coït anal est absent du *Jin Ping Mei*, de la Chine du XVIIe siècle, où, pourtant, moines, seigneurs, prostituées, courtisanes (la différence est patente en Chine), femmes épousées, concubines, cousines, belles-sœurs, voleurs, gouverneurs usent de toutes les autres pratiques connues.

En revanche, au hasard du *Rêve dans le pavillon rouge*, de Cao Xuequin, on rencontre deux coquins de cousins qui ne craignent pas de se « ramoner le troufignon » ; nous laissons aux traducteurs M. Li Tché-Toua et Mlle Jacqueline Alézaïs la liberté de cette expression et de son adaptation. Les deux joyeux ramoneurs connaîtront divers déboires suite à leur péché.

Le cul appartiendrait au mal ? A Satan. A tous les Satans de toutes les religions.

5

Le cul est une porte de l'enfer. On peut l'y gagner aussi par là. Comme le roi Édouard II d'Angleterre, dont Christopher Marlowe nous servit une satanée tragédie. La fin du roi Édouard montre de la part de ses bourreaux une certaine imagination en rapport avec les péchés commis par le sire.

On intromit une corne de bœuf dans le royal rectum et, sur l'ordre de lord Roger Mortimer (amant de la reine), lord Lightborne enfonça à l'intérieur un tisonnier rougi au feu. D'autres chroniqueurs tiennent qu'on y versa du plomb fondu.

Marlowe opte pour « un tournebroche rougi à la

flamme » (« *Get me a spit, and let it be red hote* »). Mais, dans la didascalie de la mort d'Édouard, il s'en tient à un laconique « *King Edward is murdered* » (édition bilingue chez Aubier-Montaigne, annotée et traduite par C. Pons).

Mortimer se débarrasse immédiatement de Lightbourne en le poignardant, et Édouard III, le nouveau roi, réclame la tête de l'assassin alors que maman, la reine Isabelle, crie : « Ne verse pas le sang du gentil Mortimer. » D'après Grafton et Froissard, elle l'aurait crié en français et ainsi : « Bel, bel fils, ayez pitié de gentil Mortimer. »

Il faut dire qu'elle était enceinte des œuvres du « gentil » Roger, qui désirait avant tout perturber la lignée d'un roi sodomite du XIVe siècle en produisant lui-même les bâtards. Belle époque, non ?

Christopher Marlowe en connut une intéressante. Mais rapidement. Né en février 1564, il mourut le 30 mai 1593. Assassiné dans un bouge où il draguait le minet. Sur ordre ?

L'auteur du *Tragique Destin du Dr Faust* et des *Deux Discours tragiques de Tamerlan le Grand* s'est attaché au héros faible et qu'il rend touchant dans *Le Règne tourmenté et la Mort pitoyable d'Édouard II, roi d'Angleterre, et la Chute tragique de l'orgueilleux Mortimer* (nul ne résiste à la poésie des longs titres).

Son roi aussi « efféminé » que lui n'est pas, comme ses autres héros, un conquérant ni un savant fou mais un tendre rebelle « contre l'esprit du temps, contre nos ennemis ».

L'esprit du temps ? Marlowe, fils d'un cordonnier de Cantorbéry, s'en est amusé en vingt-neuf ans de vie : à la cour de la grande Elizabeth, dont il fut un peu l'espion. Là, autant que dans les mauvais lieux —

et Londres alors en regorgeait —, il but, se querella, se débaucha, laissa libre cours à toutes ses perversités et à son triomphant athéisme. Un brave, en somme. Un délicat aussi, un amoureux des arts, des beautés. Avec ce sens suprême de la faute, blason des vrais esthètes, qui le pousse à mettre, en latin, dans la bouche de son Faust : « Si nous refusons de pécher, nous faillissons. »

Satan, lui-même, en fut content.

6

Satan aime l'art, jusque dans les Lieux saints.

Nous nous refusons d'évoquer ici la scène où la Juliette de Sade est sodomisée par le pape Pie VI, Soi-même, sur l'autel de Saint-Pierre de Rome, après intromission dans l'anus d'une hostie consacrée. Non, en bon catholique français, nous n'évoquerons pas ce blasphème fantasmatique et ostentatoire, encore moins les propos (plutôt plaisants, pourtant) qui, dans la bouche de la sœur de Justine, concluent cette scène, où les deux parties connurent, à ce qu'il en transparaît, bien des blandices.

Non. Nous resterons, toutefois, au Vatican. Principalement dans son appendice, la chapelle Sixtine. Où le cul abonde, et la quéquette aussi. Ni l'un ni l'autre ne sont de n'importe qui ; signés de Michel-Ange, s'il vous plaît. On les contemple désormais sous leurs couleurs réactivées par le mécénat japonais.

On en trouve au plafond, on en trouve sur le mur d'autel, justement nommé *Le Jugement dernier*.

Au plafond et dans les encoignures, les culs appartiennent aux solides gaillards nus qui encadrent les « sibylles » et les « prophètes ». Culs d'athlètes, de rugbymen avant la lettre, surpris après le match, au sortir de la douche dans les vestiaires. Ce nabot contrefait mais génial de Michelangelo Buonarroti s'y entendait en muscle mâle de toute beauté. Et certains corps ou visage de femme (présumés tels) sont en fait des esquisses de la forte beauté de son cher et jeune Tommaso Cavalieri. On y retrouve le « cou puissant » que Marcel Proust attribuera à son Albertine ; qui, dans le même volume du roman, ne rechigne pas à se faire « casser le pot ». On ne trouve pas en revanche, chez Michel-Ange, le « gros pétard », grassouillet, de Palamède de Charlus, qui fait l'admiration (et le bonheur) du giletier Jupien. Non, le popotin michelangélien est ferme, musclé, viril en diable. Sublime.

Dans *Le Jugement*, son Christ trône comme un Zeus à l'antique, le fondement à peine voilé ; mais rien ne gomme la force tranquille du fessier sur lequel il est assis, comme M. de Montaigne, non pour étudier ou méditer dans sa librairie, mais pour mieux décréter sa décision ultime. Les damnés exhibent plus grâce au furieux pinceau du maître grincheux, car souvent de dos. Et les linges légers (furent-ils rajoutés par l'artiste, furent-ils exigés par le saint commanditaire ? Le débat n'est pas clos, car voilà une belle question pour éviter le chômage des historiens d'art pendant encore maintes années) qui ceignent les bas de ces dos voués aux enfers ne font qu'en rehausser la puissance.

On voit aussi de vrais culs féminins. Autour de Minos, l'infernal gardien aux oreilles d'âne (Sa Majesté fut mauvais critique musical). Ces culs sont peints de bronze, de noir parfois, comme s'il avait fallu les feux infernaux pour les couler ainsi, alors que ceux des gardiens des sibylles et prophètes semblaient de marbre ou d'opale rosée. De plus, il faut lever le nez pour les contempler dans leur céleste splendeur ; ce qui, quelque part, doit « signifier ». Un cul vu d'en dessous, dans une chapelle ! A quoi donc cela fait-il penser ? Chacun répondra à sa manière, selon ses souvenirs amoureux ou selon le psy fréquenté.

L'admirateur du *Jugement* (on conseillera de rester des heures devant), lui, demeure debout et regarde droit devant. Il remarquera que, féminin ou masculin, le cul buonarrotien est de même facture. Porté par le même galbe de hanches ; point de jonction en col d'amphore chez la femelle, point de tronc en colonne chez l'homme. De dos, tout cul est tout comme.

Ici, un spécialiste interviendra. M. Jean-Luc Hennig, à qui nous devons un essai de belle facture, de grand amour et bourré d'érudition sous un titre charmant : *Brève histoire des fesses* (coll. Champs érotiques chez Zulma / Calmann-Lévy).

7

M. Hennig voit avec justesse ce qui, écrit, paraît d'évidence : « Avec Michel-Ange, ce fut l'apothéose de la fesse mâle. » Un éblouissement. Là n'est pas le plus intéressant. Il gîte dans l'ancestral combat du féminin et du masculin.

En tête d'un chapitre, M. Hennig affirme : « Certaines femmes avouent qu'un homme aux belles fesses ne leur plairait pas du tout. Parce que, disent-elles,

elles auraient peur d'une rivalité, en n'étant plus les seules à avoir de grosses fesses rondes. »

On sursaute.

M. Hennig est taquin. Quelques lignes plus bas, dans la même page (167), il corrige. « D'après un sondage récent (1992), si les femmes apprécient chez l'homme un peu tout en vrac : les muscles, la bouche, la forte carrure, la nuque, le torse, la pomme d'Adam, les oreilles, les chevilles et le sexe [...], ce qui leur coupe le souffle, ce sont bien les yeux et les fesses. »

Qu'on retienne cette alliance.

Il précise : « Parce qu'ils leur en promettent. »

On ne saurait dire autant sous une telle concision.

Mais Hennig attaque « le Dr Waynberg, sexologue, pour qui " faire le choix des fesses ", c'est vouloir une masculinité désexualisée ». Là, nous dirons, bien confraternellement, au brillant essayiste qu'il erre. Du moins, qu'il omet quelque aspect de la réflexion. Il lui manque une jointure. Un tenon pour la mortaise de son observation.

Il existe une double homosexualité esthétique.

On s'explique. Un beau garçon nu de dos serait « désexualisé », en ce sens qu'il n'est plus ni homme ni femme. Androgyne, hermaphrodite ? Ce n'est pas tout à fait cela. L'*Hermaphrodite endormi* du Louvre (statue près de laquelle les troufions allemands durant l'Occupation demandaient volontiers à être photographiés en riant d'un air plus ou moins gêné) possède la « double nationalité ». Un beau garçon nu de dos n'est pas ce genre d'escargot. Il suscite un trouble ; aussi bien masculin que féminin. Le mâle hétéro y voit un ODNI, objet de désir non identifié ; la femme hétéro aussi.

Il est patent que le désir suscité est un « désir de

tête » (comme l'amour du même bois) chez le (la) désirant(e). Mais son objet est bien le joli cul du désiré. De lui vient tout l'émoi. Pour la femme et pour l'homme qui regardent le gracieux dénudé, il représente une excitante ambiguïté intellectuelle assez semblable à celle qui jaillit dans les jeux sémantiques de nos grands rhétoriqueurs du XVe siècle, avec leurs vers parfaits mais à double « entrée ». L'homme sait que c'est un garçon, mais... La femme y surprend un corps presque « sœur » du sien, et...

Et, d'abord, n'existe qu'un joli cul avec ses globes gémeaux, sa fente (« la fente de tes fesses est le sourire de ma vie », chante l'Italie). Et son trou. Il y a tout. Pour tous.

Mieux que « désexualisation », il s'agirait de « sur-sexualisation ». Car il et elle entrent en l'état de glisser le charmant objet de convoitise dans leur lit ; et d'en jouir. Homme avec garçon utilisable en « femme ». Femme avec « femme » prouvée garçon. Dans le cas d'un « ménage » à trois, chacun(e) se verra hétéro, pédéraste et lesbienne à la fois. On ne saurait trop conseiller une si élégante triangulation dans l'assouvissement.

Dans le cas de l'inassouvissement, on recommandera d'écrire *Mort à Venise.*

8

Nous n'en avons pas fini avec M. Hennig. On doit le remercier pour une trouvaille précieuse qui engendre un jeu précieux. Jean-Luc Hennig a découvert —

et dévoile — les travaux d'une « vidéaste québécoise, Suzanne Giroux », qui affirme que le sourire de la Joconde dissimule un cul de garçon. « L'astuce c'est de tourner le tableau à 90 degrés, en cadrant uniquement le sourire : l'épine dorsale correspondant à la raie des lèvres et le coin de la bouche aux deux globes charnus d'une magnifique paire de fesses. » Nous renverrons l'amateur à la lecture de son ouvrage indispensable, et qui ne coûte que 110 francs ; l'acheteur y trouvera bien des plaisirs et en goûtera l'excellent esprit.

Nous tenons simplement à signaler que nous avons tenté l'expérience avec une reproduction du sourire de la signora Monna Lisa. Que nous l'avons agrandi sur une photocopieuse (instrument admirable depuis la disparition des moines copistes et enlumineurs), que nous l'avons cadré serré comme il est conseillé. Eh bien ! c'est vrai. C'est un cul ; et des plus aimables ; mais un doute nous point : en quoi Mme Giroux et M. Hennig le jugent-ils garçonnier ?

9

Donc les yeux — nous avons relevé leur importance — et le cul « en promettent », selon M. Hennig. Les satanistes lui donneront raison, la littérature aussi.

Écoutons d'abord Georges Bataille conter son *Histoire de l'œil*, justement ; du moins le premier chapitre, pour ne pas trop bouleverser les enfants — ni affoler leurs parents. Dès la première page (éd. 10/18), on lit :

« Je n'avais pu encore la voir jusqu'au cul (ce nom que j'employais avec Simone me paraissait le plus joli des noms du sexe). J'imaginais seulement que, soulevant le tablier, je verrais nu son derrière.

Il y avait dans le couloir une assiette de lait destinée au chat.

— Les assiettes, c'est fait pour s'asseoir, dit Simone. Paries-tu ? Je m'assois dans l'assiette.

— Je parie que tu n'oses pas, répondis-je sans souffle.

Il faisait chaud. Simone mit l'assiette sur un petit banc, s'installa devant moi et, sans quitter mes yeux, s'assit et trempa son derrière dans le lait [...]. Pour la première fois, je vis sa " chair rose et noire " baignant dans le lait blanc. »

Que le lecteur sache bien que le « [...] » précédent n'est nullement une censure à l'encontre de Georges Bataille, même si le passage ainsi résumé aurait pu heurter de jeunes sensibilités. Mais il était peu utile à la démonstration. Nous éviterons aussi de citer l'accident : au volant de sa voiture, le narrateur renverse une jeune fille, que Simone et lui regardent mourir. S'il existe depuis Artaud un « théâtre de la cruauté », là nous avons un bel exemple de prose voyeuse de la cruauté. Le lecteur pourra toujours s'y reporter (*op. cit.*). Nous nous en tiendrons au résultat de cette contemplation :

« Simone est simple d'habitude. Elle est grande et jolie. Rien de désespérant dans le regard ni dans la voix. Mais elle est si avide de ce qui trouble les sens que le plus petit appel donne à son visage un caractère évoquant le sang, la terreur subite, le crime, tout ce qui ruine sans fin la béatitude de la bonne conscience. Je lui vis la première fois cette crispation muette, absolue — que je partageais — le jour où elle mit son derrière dans l'assiette. »

S'ensuit une scène d'ondinisme surprise par quelqu'un, qui s'avérera être la tragique Marcelle, « la plus pure et la plus touchante de nos amies » ; et qui dégénérera ou se sublimera dans un merveilleux méli-mélo (merveilleux grâce au style clinique et forcené de Bataille) de jambes et culs imbriqués comme dans un tableau de Molinier.

Toutefois, relevons cette remarque, alors que les amants entendent quelqu'un approcher :

« Le pas s'était arrêté ; nous ne pouvions pas voir qui s'approchait, nous ne respirions plus. Le cul de Simone ainsi dressé me semblait, il est vrai, une puissante supplication : il était parfait, les fesses étroites et délicates, profondément fendues. Je ne doutai pas que l'inconnu ou l'inconnue ne succombât bientôt et ne fût obligé de se dénuder à son tour. »

Mise en pratique littéraire même de cette double homosexualité esthétique ci-devant évoquée.

On remarquera dans ces deux citations la fréquence de revenez-y des mots « yeux » « regard », « contemplent ». Et que ce premier chapitre de *Histoire de l'œil* s'intitule « L'œil du chat », grâce à la poétique juxtaposition d'un cul et d'une assiette de lait.

On remarquera également que Bataille, peu enclin aux délices gastronomiques, néglige de boire le lait.

10

Le cul du diable est doté d'un œil, voire d'un visage entier (dans l'œillet, sobriquet de l'anus, il y a œil). Certes, nous n'avons jamais rencontré le diable ; mais il existe un intéressant reportage sur celui que Tertullien nommait le « singe de l'homme ». Il s'agit d'un rapport établi au XVIe siècle en pays de Labourd (aux frontières du Béarn et du Pays basque). L'auteur en est Pierre de Lancre, conseiller-notaire et secrétaire du roi au parlement de Bordeaux. Son titre est un enchantement : *Tableau de l'inconstance des mauvais anges et démons* (Aubier, 1982).

Michelet semble y avoir puisé abondamment pour sa *Sorcière*. La source est sûre, il est vrai ; de Lancre présida maints procès en sorcellerie et s'intéressa à cette activité humaine, colligeant et compilant les « discours contenant la Procédure faite par les Inquisiteurs d'Espagne et de Navarre à 53 Magiciens, Apostats, Juifs et Sorciers en la ville de Logrogne en Castille, le 9 novembre 1610. En laquelle on voit comment l'exercice de la Justice en France est plus juridiquement traicté, et avec de plus belles formes qu'en tous autres Empires, Royaumes, Républiques et Estats ».

M. de Lancre nous la baille belle avec ses considérations juridiques. Ce qui le tourmente n'est pas la justice mais les sorcières. De préférence jeunes et jolies. Et leurs rapports avec la Bête. Ah ! son bonheur d'interroger Marie d'Aguerre, âgée de treize ans ; Marie d'Aspilcuete, dix-neuf ans ; Janette d'Abadie de

Siboro, seize ans ; et Corneille Brolic, un garçon de douze ans.

Tou(te)s ont droit à la paternelle compréhension de M. le Conseiller-Notaire, mais le jeune Corneille Brolic a toute son affection. Un soir de sabbat, celui-ci « fut violenté pour lui [Satan] baiser le derrière, je ne sais s'il dit cela par modestie, car c'est un fort beau et civil enfant... ». Voilà bien des choses condamnables et émouvantes. Et les détails qui pleuvent, à sa demande, enflamment encore plus la plume émérite du secrétaire du roi. Mais là nous n'en sommes qu'à l'aspect du diable. Un bouc, ou un grand laurier noir, un grand bœuf d'airain, avec « un visage devant et un visage derrière ».

> « On lui voit aussi [...] au-devant son membre tiré et pendant, et le montre toujours long d'une coudée, et une grande queue au derrière, et une forme de visage au-dessous : duquel visage il ne profère aucune parole, ainsi lui sert pour le donner à baiser à ceux que bon lui semble, honorant certains sorciers ou sorcières plus les uns que les autres. »

Au fil des pages, Satan ne cesse de présenter son cul. Et d'user de celui de ses sectateurs ; comme de celui de Jeanne de Hortiloptis, quatorze ans. Ou de celui de Bertrand de Handuch, « habitant de Sare, âgé de dix ans » ; cela, on s'en doute, « pour se moquer de Dieu, et de ses plus nobles créatures. Et au lieu que le baiser est la communion des esprits, le langage des affections, la parole des cœurs, qui donne des nouvelles à l'âme de son âme [...] Satan se les fait donner en des parties si sales qu'il est tout à fait vergogneux seulement de les raconter ».

Pierre de Lancre se montre si « vergogneux » et discret qu'il consacre tout le Livre troisième de son *Tableau* à « L'accouplement de Satan avec les sorciers et sorcières ». Il n'y va pas de plume morte pour décrire les « accouplements infâmes et maudits, venant après la danse et le festin ». Satan ne reconnaîtrait aucun bienfait de digestion au « coït modéré » post-prandial. Il préfère les myrtes de Sodome aux lauriers de Vénus. Tout le monde a compris ; nous n'irons pas plus loin, étant plus « vergogneux » que « ce Bordelais, aimable magistrat, le premier type de ces juges mondains qui ont égayé la robe au XVIIe siècle, [et qui] joue du luth dans les entractes » (Jules Baissac, in *Les Grands Jours de la sorcellerie*, 1890).

Combien de bûchers pour l'« aimable magistrat » ? On ne sait. Mais le péché est ailleurs. Où se cache le plaisir de M. de Lancre, luthiste en entractes ? Dans le « récit mortel de séduction entre le juge et ses accusées — puisqu'il s'agit en majorité des femmes —, comme la tentative d'un *autre* culturel et sexuel », selon la préfacière Nicole Jacques-Chaquin.

Il convient de lire le *Tableau de l'inconstance...* de cet envoyé d'Henri IV en Pays basque comme un roman fantasmatique qui, via Hugo et Michelet, fixera à jamais notre vision de la sorcellerie.

Ce fut sur un supposé baiser au cul que l'ordre des Templiers fut anéanti par notre Philippe le Bel (plus sûrement pour lui piquer son or et son savoir). Cela donna une dynastie de « rois maudits » (grâce au dernier cri du grand maître, Jacques de Mornay), mais aussi *Le Baphomet*, de Pierre Klossowski.

L'Éternel détruisit Sodome sous le soufre et les flammes parce que ses habitants voulurent « connaître » les voyageurs, certainement des caravaniers, que ce bon Loth abritait chez lui pour la nuit (Genèse,

XIX, 4) ; manque de pot, c'étaient des anges en tenue banalisée.

Incidente : nous ne critiquerons pas les Écritures, mais, au sujet de Loth, nous nous demanderons toujours comment, vieux et ivre, il a pu « connaître » ses deux filles et en engendrer Moab et Ben-Ammi (Genèse, XIX, 37). Cette incidente n'est pas hors sujet, car Satan dans les sabbats selon de Lancre professe la sodomie mais aussi toutes les formes imaginables de l'inceste.

« La puissance du diable réside dans les reins », assenait saint Jérôme.

11

Parmi les illustrations proposées dans ce *Tableau...* publié par Aubier, on remarquera un bois gravé daté de 1493, attribué à Albrecht Dürer et exposé au musée cantonal d'Aarau. On y voit une femme se peignant, alors que dans son dos un démon cornu, griffu, écarte ses fesses (à lui) des deux mains et fait jaillir un anus qui ressemble aux modernes œilletons de nos portes — pis, à un objectif de caméra.

La « prise de vue » de Dürer est intéressante. La jeune femme est observée de trois quarts face et le diable de trois quarts arrière. Et, dans le miroir devant lequel elle se peigne, nous ne voyons, depuis la place de l'artiste et donc du spectateur, que le reflet du fessier diabolique et non celui du beau visage ovale encadré de longs cheveux ondulés.

On pense d'abord à l'innocence menacée de la

belle ; elle ne sait qui l'épie ainsi à deux pas, dans son dos. Est-elle si innocente ? Le miroir dans lequel elle se mire tout en rétablissant l'ordonnance de ses mèches et nattes n'est autre qu'un de ces miroirs bombés, presque demi-sphériques et que l'on nomme « miroirs sorcières ». Ils permettent — qu'on se rappelle une scène fameuse de *The Servant*, de Losey — de refléter l'environnement à 360 degrés. Comme les objectifs fish-eye de nos modernes appareils photo. Donc, et Dürer n'était nullement cancre en optique, la belle enfant ne peut rien ignorer de ce qui se trouve derrière elle, et tout près, puisque la patte gauche du démon griffe même le bas de sa robe. Elle contemple à la fois les reflets de sa beauté et du cul de la Bête.

Jouons au flic dans l'intimité de cette chambre ; car c'est une chambre, un coffre est ouvert près de la belle peigneuse et on y voit, placée négligemment, comme jetée là sans soin ou par presse, une ceinture dénouée (symbolique exquise). Elle est à son lever, elle se peigne et le diable s'esquive en lui présentant, en signe d'adieu, son anus et en lui tirant la langue.

Ne serait-ce pas une scène, intime, en effet, d'« après » ? Mais où est le lit ? Là où se trouvent l'artiste et l'amateur de gravure. La scène est vue du lit. Qu'on soupçonne encore tiède. Dans sa tenue négligée, la jeune femme vient de se livrer à l'incube. Un rideau, qui devrait cacher l'alcôve où nous sommes (la porte est en arrière-plan de la gravure), est jeté sans soin sur sa tringle. On se moque bien, maintenant, de le tirer.

Jus de crâne ? Interprétation hasardeuse ? Les lois de l'optique et le « miroir sorcière » signent l'affaire. Que dénonce également le titre : « Coquetterie diabolique ».

12

Les sorcières possédaient tous les attributs des bonnes ménagères : balais et chaudrons. Elles n'y touillaient pas que d'infâmes tambouilles à base d'yeux de crapaud, bave d'autres immondes animaux, épicée de condiments innommables. Elles y préparaient aussi le festin du sabbat.

Dont le plat de résistance — et de succulence — était le bébé. De préférence non baptisé, c'est-à-dire, culinairement, n'ayant pas reçu encore des mains du prêtre le sel de la sagesse. Les sorcières et sorciers ne mangent jamais salé. Le sel est trop recommandé ou trop métaphorique dans maints textes de l'Ancien ou du Nouveau Testament.

Le bébé était rarement servi en entier. Quand on disposait d'un, on le partageait entre différentes frairies de sorcellerie. Le morceau de choix était le bassin et le haut des cuisses.

Rien ne lui ressemble plus qu'un bas-rond (et non baron, nom de Dieu !) d'agneau.

Aussi certaines personnes sensibles refusent-elles ces viandes pourtant délicieuses, mais, il faut l'avouer, un peu grasses. Ce sont d'ailleurs les mêmes, souvent, qui refusent de manger du lapin. Sous le fallacieux mais logique prétexte que le lapin est un animal de compagnie (chez les Anglais, notamment) ; et que l'agneau est si gentil.

Un agneau se montre certainement gracieux mais pas plus gentil qu'un tigre quand il a faim. Certes, le tigre est beau. Est-ce pour cela qu'aux meilleures tables on en sert si peu ?

Le tigre, au contraire de l'agneau, est une espèce protégée. Car on ne le tue pas pour son gigot mais pour son poil. Récemment, une très belle campagne de publicité « animalitaire » montrait soit les top-models mondiaux, soit une poignée de jeunes actrices françaises posant ensemble et entièrement nues avec ce slogan : « Plutôt à poil qu'en fourrure. »

Charmants portraits de groupe avec cuisses, seins, minois, petits culs moulés à la louche (mais pas un poil pubien), enrôlés pour la défense de qui ? Des plus féroces prédateurs, tigres, panthères, léopards, renards ; ou de certaines formes de rats : visons, zibelines, opossums. Également le lapin pour les moins fortunés. Et le mouton doré. D'agneau, point.

Deux conclusions : d'abord le slogan est mensonger. A part les cils et sourcils, et les cheveux, ces dames et demoiselles ne sont pas « à poil ». Elles montrent plutôt leur cul que leur triangle pubien. Partie moins « honteuse » comme on la traitait naguère. Partie plus appétissante aussi par sa rondeur, la fermeté de ses chairs et la douceur des graisses (mais si, il y en a, un peu jaune maïs) qui tendent si joliment la peau.

Ce qui nous ramène, la bave aux lèvres, au délicieux bas-rond d'agneau.

Et aux bébés dorés à point, et aux sorcières. A leurs chaudrons. De bons esthètes ont remarqué (depuis des siècles) la ressemblance — la gémellité — entre les grimoires de préparation de maléfices et les meilleurs livres de recettes. Il suffit de remplacer coriandre, cumin, poivre, miel et herbes de Provence, beurre ou huile d'olive vierge pressée à froid, par des condiments aux noms encore plus propices aux rêveries : belladone, jusquiame, aconit, ellébore, pavot (quoiqu'on le mange aussi en tarte ou en confiserie), stramoine, voire graisse de pendu. Condiment que dans notre Europe on ne trouve plus ; sauf dans les pays sociaux-démocrates et, donc, à fort taux de suicide. Restent les condamnés à mort de quelques États américains. Mais l'importation en contrebande de cet ingrédient très commun dans les recettes de sorcières est des plus aléatoires. D'où aussi une moindre fréquence des sabbats ou le peu d'intérêt qu'ils suscitent ; que nos jeunes gens remplacent par des soirées « rave » à fort relent d'ectasy et, plus dangereusement, par les drug parties.

Le plus beau bas-rond d'agneau présenté sur un plateau appartient à une « agnelle » et figure sur un tableau. C'est le cul charmant et rebondi de la jeune demoiselle O'Murphy, peint par François Boucher dans son *Odalisque blonde* (1752). Il la dispose sur son sopha comme un bas-rond sur son plat. Fesses bien cambrées, cuisses écartées, une friandise de roi. D'ailleurs, Louis XV le Bien-Aimé mènera la jeune demoiselle O'Murphy dans son lit. Diderot pestera contre Boucher. Non point pour ce qui arriva au bas-rond de miss O'Murphy entre les draps royaux — un peu, il est vrai, à cause du peintre —, mais parce que, amateur de tétons et de fesses dans le privé, il appréciait peu qu'on les exhibât en public.

Le philosophe, l'encyclopédiste, le romancier des *Bijoux indiscrets* souffrait donc des pudeurs de jeunes mannequins écologistes — on n'ose dire de l'hypocrisie de l'Arsinoé du *Misanthrope* de Molière, qui faisait « cacher des tableaux les nudités » mais montrait « du goût pour les réalités ».

En fait, dans le vague dégoût ressenti par les âmes

sensibles devant un lapin entier qu'on rôtit enrobé ou non de moutarde dans une robe de crépine ou devant le bas-rond, c'est l'aspect quasi humain en réduction qui bouleverse l'imaginaire. C'est aussi cet aspect qui peut ouvrir l'appétit. Chez les tenantes et tenants du chaudron et du balai. Sorcières et sorciers.

13

Bref, nous voilà en enfer. Il suffit d'en pousser la porte.

Quitte à aller en enfer, entrons-y par le sublime. Par *La Porte de l'Enfer*, d'Auguste Rodin. Un monument : 6,35 mètres de haut, 4 mètres de largeur, 1 mètre d'épaisseur. Deux vantaux. On en voit un modèle en plâtre (qui date de 1900) au musée d'Orsay, mais il faut aller au musée de l'Université Stanford, en Californie, pour en contempler un des bronzes. Réalisation que Rodin n'a jamais vue, puisque la première fonte se situe en 1926. Il y en eut cinq en tout (la dernière à la fin des années 70).

Nous savons qu'il est réducteur — honteusement réducteur — de dire que c'est sur cette porte monumentale destinée lors de sa commande, le 16 août 1880, au futur musée des Arts décoratifs que le fessier humain, masculin, féminin, touche à sa splendeur. Car cette *Porte* est la matrice du génie de l'amant de Camille Claudel. On y voit un *Penseur*, un *Baiser* et autres futurs chefs-d'œuvre. Comme *Le Désespoir*. Ici sont rameutés les plus grands : Michel-Ange et Dante, Ovide et Baudelaire. Et la fougueuse Camille Claudel, dont le visage extatique explose dans *La Douleur.* Elle mit la main à la pâte, elle aussi.

Certains y voient une géniale autobiographie. Souvent abandonnée, reprise, augmentée, taillée, reconçue, interrompue ; et finalement non vue terminée. Comme il sied à toute vie. Une vie d'enfer.

Bienvenue chez les damnés. Une méthode simple d'y voyager est de feuilleter le livre *Rodin, La Porte de l'Enfer*, avec les textes de Yann Le Pichon et les photographies de Carol-Marc Lavrillier (éd. du Pont-Royal, 1988). Simple et effrayante un peu.

Dans un noir et blanc qui resculpte les lumières de ces formes tragiques, on se promène parmi « eux ». On grimpe, on ahane, on s'écroule, on s'accroche avant la chute ; on est l'un d'eux. Un damné.

Le vertige nous prend devant cette Sixtine du diable. Comme il menace le titan qui s'écroulera dans quelques secondes, et cela dure un siècle, du haut du tympan. L'amant qui s'agrippe à l'aimée qui tente de le retenir mais détourne la tête, ou offre son cou au dernier baiser, du groupe *Je suis belle* ; ces femmes qui émergent des vagues de bronze, ou d'une terre malmenée, aux bouillonnements de laves froides ; des bassins, des hanches abandonnées, des fesses offertes ou crispées en un dernier sursaut avant l'anéantissement. Il est tolérable d'avoir envie de pleurer.

Même un Icare ailé crie au secours...

Tout notre art, notre industrie, notre esprit n'en peut mais et ne sauvera personne. Mieux vaut s'endormir parfois sensuellement, parfois épuisé, se laisser aller vers l'engloutissement.

D'innocents bébés tombent également. En chute libre.

Tous ces corps, ces dos, ces jambes, ces visages, ces

fessiers sont d'une merveille de beauté et de pureté, jusque dans le renoncement. Pas de révolte, il n'est plus temps.

D'ailleurs *La Porte de l'Enfer* ne peut s'ouvrir ; Rodin la voulait soudée.

Et l'on pense à jamais aux *Neuf portes de ton corps* que Guillaume Apollinaire dédia à Madeleine Pagès ; et au danger enfermé dans un seul vers de cette ultime « porte des sortilèges dont on n'ose point parler ».

Que seraient vains nos plaisirs éphémères sans le piment du danger éternel.

ÉPILOGUE

Les rognons d'Ulysse
Et autres appendices

1

La journée du jeudi 16 juin 1904 à Dublin commença par deux petits déjeuners en parallèle. L'un à environ 8 heures du matin, à Sandycove, dans la tour Martello, entre Stephen Dedalus et son compère Buck Mulligan, parasite joyeux. Avec thé, ablutions et rasage de poil. L'autre, à la même heure, dans l'appartement de Léopold et Marion (Molly) Bloom, au 7 Eccles Street. Léopold est aux fourneaux quand il ressent une ferme envie de rognons de porc.

Pour la satisfaire il doit sortir de chez lui et se rendre à la charcuterie de M. Dulgacz, d'origine juive hongroise, comme lui. C'est sur un détail que la vie d'un héros de roman bascule. Et qu'une journée somme toute normale avec ses ennuis normaux peut devenir mondialement célèbre : le Bloom's Day de Dublin, dont on ne sort pas à jeun.

Nous rappellerons que, entamant la rédaction d'*Ulysse*, en 1919, James Joyce choisit ce jeudi 16 juin 1904 puisque dans sa vie, sa vie réelle s'entend, c'est ce jeudi-là qu'il obtient son premier rendez-vous avec sa femme Nora Barnacle, rencontrée le 10 lors d'une soirée littéraire.

Mais le rognon ?

Le rognon est sinon le véhicule de l'aventure (une Odyssée selon ses chantres), du moins la mèche courte qui mènera le style de Joyce et, partant, la journée de Bloom vers l'explosion. D'abord, ce rognon est de porc, viande interdite par la religion dans le berceau de laquelle est né Bloom comme son fournisseur Dulgacz. De plus, le rognon de porc impose au palais un goût plus prononcé que celui de veau, plus rose, plus fin, plus moelleux. Le rognon de porc affiche une propension à diffuser un relent d'urine qui offusque — ou qui flatte — les narines comme les papilles. Car il existe des dégustations empreintes de perversité.

Le mot rognons ne manque pas non plus, sinon en argot, du moins dans ce que la convention nomme le langage familier, de désigner autre chose que le double athanor de nos alchimies rénales. Ce sont aussi nos deux pendeloques inférieures.

Il n'en est pas moins un mets traditionnel dans les copieux breakfasts des pays anglo-saxons, souvent accompagné d'une sauce brune au madère.

2

Pour Léopold Bloom, il est surtout une occasion. L'occasion de filer dans l'air frais d'un matin de juin à Dublin, ville célèbre pour son microclimat puisqu'on y trouve palmiers, aloès et mimosas. Et de se rendre au bureau de poste de Westland Row pour quérir une lettre à lui adressée par une certaine Martha Clifford, que le lecteur ne « verra » jamais, mais avec qui notre cher Léopold entretient une correspondance clandestine. Ne se présente-t-il pas au bureau de poste restante en exhibant une carte au nom de Henry Flower et ordinairement dissimulée dans la doublure de son chapeau ? Le camouflage est simpliste, M. Fleur en splendeur (Bloom) choisissant pour pseudonyme M. Fleur commune (Flower) alors que son vrai nom de famille est Fleur puisqu'il est le fils d'un juif de Budapest, Rudolph Virag, substantif qui signifie justement Fleur en hongrois.

Joyce se nommait bien Joie, comme Freud ; et les Noël(le).

Il est plaisant de rappeler que cette correspondance clandestine mais fleurie provient d'une réponse à une annonce mélancolique passée naguère dans la rubrique des « Cœurs brisés » du journal *Irish Times*.

On cache mal sa jubilation à imaginer les secrets celés derrière la quête d'un rognon de porc pour le petit déjeuner.

3

Surtout que ce rognon, Léopold ne le mangera pas. Pourquoi ? Parce que tout va de travers, ce 16 juin 1904. Comme chaque jour de la vie dans un roman, pensera le lecteur. Parce que ce jeudi est jour d'enterrement et que Léopold n'a pas pris son pantalon habituel de placier en publicité (on devrait dire réclame) mais un pantalon noir plus fin et, semble-t-il, au pli impeccable, alors qu'on imagine mal Léopold Bloom impeccable. L'escapade du rognon et le futur enterrement de son vieil ami Paddy Dignam (réunion prévue à 11 heures au domicile du défunt, 9, Serpentine Avenue, puis cortège jusqu'au cimetière de Prospect) le perturbent tant qu'il a oublié ses clefs dans la poche de son ancien pantalon. Souci. Dieu merci, Bloom n'a pas oublié une pomme de terre séchée qui lui sert de grigri et qu'il serre dans sa poche revolver.

Autre souci : à son retour et étant à la fois en possession du rognon fatidique et de sa correspondance clandestine, Léopold découvre le courrier « normal » qui vient d'arriver. Dont une lettre adressée à Mme Marion Bloom (née Tweedy) par un certain Blaze Boylan, soupçonné — à juste raison — d'entretenir des vues sexuelles sur la rayonnante sensualité de Molly.

Celle-ci somnole toujours dans son lit. Après s'être affairé à la cuisine, Léopold lui monte son petit déjeuner. Discussion sur la métempsycose, mot qu'ignore Molly. Incidentes nombreuses, voire sournoises sur le nommé Boylan, et flux de conscience désordonné avec effet de l'art par le maître du genre (James Joyce), ce qui est normal pour son héros (Léopold Bloom) empêtré dans sa faim de rognon bien graisseux (dépravation du goût, on le verra plus tard aux latrines dont il fait grand usage et où il se torchera avec une page de littérature) et sa jalousie fataliste, aux limites de la complaisance, envers le couple qui devrait se former sur le coup de 16 heures entre Molly et Blaze. Alors que frit le rognon, son esprit panique : « Cela arrivera ; oui. Empêcher. Inutile. Je n'y peux rien. Douceur de légères lèvres de jeune fille. Cela viendra pour elle aussi. Il sentait le malaise latent s'étendre [...]. Lèvres de femme, baiseuses, baisées, pleines, prenantes, collantes. »

Le tout est agrémenté de digressions sterniennes sur la mort de Dignam et le nom de l'auteur d'un roman certainement polisson puisque signé Paul de Kock (*cock* : pénis en slang), ainsi que d'aimables paroles adressées à sa chatte noire que l'on sent chérie : « Fourreau lisse, bouton blanc sous la queue, phosphore des prunelles vertes. » Léopold propose du lait « pour la minouche ». Elle lui répond « Mrkrgnaô », certainement « Miaou » en irlando-hongrois.

Et Molly râle que cela sent le brûlé. Dans sa poêle, le rognon est carbonisé.

On voit pourquoi James Joyce passe pour un génie.

4

Plutôt que de le calciner, nous préférerons deux méthodes pour accommoder le rognon. La première eût rendu le plus grand service à Léopold (et lui eût rempli la panse). Vous coupez le rognon (de veau) en minces lamelles, vous faites mousser une noix de beurre dans une poêle, vous précipitez le rognon, quelques minutes de recto verso, vous servez dans votre assiette avec sel et deux tours de poivre au moulin. Comme pour le jaune de l'œuf au plat, on peut remplacer le poivre par du paprika.

Certes, la rapidité de l'affaire aurait privé Joyce d'un fulgurant chapitre.

La seconde demande son temps et sans doute plus d'appétit. Ce qui est normal, puisqu'on l'attribue à Alexandre Dumas (le vrai, le père, pas le lèche-bottes de Badinguet). Faites fondre deux grosses noix de beurre, ajoutez-y les rognons, faites cuire doucement une demi-heure en retournant les rognons dans la poêle, salez, poivrez. Réservez. Détaillez une grosse carotte en brunoise, que vous faites cuire un quart d'heure dans une noisette de beurre. Pendant ce temps, coupez le bout terreux de 250 grammes de girolles, lavez-les à l'eau vinaigrée, émincez-les grossièrement et mettez-les à cuire dans une nouvelle noisette de beurre chaud. Jetez le gras de cuisson des rognons, déglacez avec du vin blanc sec. Ajoutez un peu de bouillon préparé avec un cube de bœuf ; puis une cuiller à soupe de concentré de tomates, et du beurre manié (avec de la farine), jusqu'à ce que la sauce ait le velouté voulu. Égouttez carottes et girolles, jetez-les dans la sauce. Ajoutez 150 grammes de crème, un filet de citron. Disposez les rognons (gardés au chaud à l'entrée du four) dans un plat, nappez de sauce, parsemez de cerfeuil. Et servez.

On en mangeait naguère chez Lasserre.

Accompagné d'une bouteille de chassagne-montrachet, c'est un plat bien consolant. Quand votre femme se nomme Molly.

5

Donc Léopold ne mangera pas son rognon. Mais sera cocufié. Un demi-millier de pages plus loin.

Le rognon est un révélateur. Nous ne rappellerons que pour mémoire la facétie de Jack l'Éventreur adressant à Scotland Yard un rein de Catherine Eddowes, une prostituée qu'il avait éviscérée l'avant-veille. Les inspecteurs en déduisirent que Jack possédait une glacière, donc vivait confortablement, et le Dr Openshaw authentifia le rognon (le rein, pardon) en l'étudiant et l'analysant : il était imbibé de gin.

La « révélation » du rognon n'est pas policière ; elle tient à un état d'esprit. Elle corrobore les plus vieux mythes. D'abord celui de la dichotomie humaine et platonicienne entre le haut et le bas. L'esprit et la matière.

Le rognon est notre cerveau d'en bas. Allant par paires comme les attributions mentales de la cervelle se distinguent en deux hémisphères, il régit nos humeurs et nos sens, provoque les plus intenses douleurs médicales connues — qui a souffert de n'importe laquelle des maintes variétés de néphrite le sait —, se présente sous un toucher à la fois ferme et flasque.

Certaines personnes délicates répugnent à le manier. Parce qu'il métaphorise aussi la sexualité mâle (cf. les « pendeloques » poilues sus-évoquées) ? Reins et rognons ont mauvaise réputation. Dans le cycle aventureux des romans de « La Table ronde », le beau et vaillant Lancelot entreverra mais ne pourra approcher le Saint Graal, à cause de la « faiblesse de ses reins ». Traduction : que ce soit à la cour du roi Arthur, avec la reine Guenièvre, ou à celle du Roi Pêcheur, Lancelot s'exténue à baiser à tout-va. Ce qui n'est pas le cas de Perceval le Gallois, blanc et vierge comme neige de printemps. Et qui, lui, au Graal aura droit. Pour les athées et les prêtres incultes — une majorité, hélas —, rappelons que le Graal est la coupe dans laquelle Joseph d'Arimathie, charpentier comme l'Autre, recueillit le sang du Christ en croix (pour une moderne imagerie, se reporter à *Indiana Jones, la Dernière Croisade*, avec Harrison Ford et Sean Connery).

6

En triperie, et à l'instar de la cervelle, le rognon s'inscrit au rayon des abats : avec cœur, foie, mamelle, mou, rate, tripes, langue, mufle, pieds, ris. Chez la bête comestible.

Chez la bête humaine, plus particulièrement féminine, nous trouvons dans certains de ces abats (aux vocables traduits en langage noble) tout ce qui produit des désirs.

Jack l'Éventreur était un furieux amoureux. James Joyce aussi, comme l'on sait (on a recommandé plus haut la lecture de ses lettres à Nora Barnacle). Mais, à la différence de lord Jack qui s'en repaissait, James ne chanta pas le foie ni la rate de sa dame. Il en tenait plutôt pour sa « croupe dressée », ses « grosses fesses grasses en sueur ».

Bon. Mais qui osera nier une « émotion » devant un sein (mamelle), une langue, un nez (mufle), des pieds ? Nous laisserons de côté le cœur auquel même la raison ne commande pas (selon Pascal quant aux sentiments, et selon les physiologistes quant aux battements).

7

Le pied, dit-on, se prend. L'un des plus beaux pieds du monde est celui saisi par François Boucher dans son *Étude pour l'Odalisque blonde* déjà citée. On peut l'apprécier au musée Carnavalet, de Paris. Il repose sur un oreiller, ce qui n'est guère sa place. Un rideau d'or s'écroule sur la droite, un peu froissé.

On craint le pire, le meilleur ; un pied féminin, las, rose, léché, s'abandonnant sur un oreiller.

Oublions le tableau final de *L'Odalisque*, contentons-nous de cette esquisse. On y pioche plus à rêver. C'est quand Boucher a « terminé » qu'il se conjugue à l'imparfait. Mais quand il ébauche, quel maître !

La Pompadour en fit un seigneur des arts, peintre du roi, directeur des Gobelins, un Malraux d'avant la lettre. Mme la Marquise possédait, selon ses peintres que l'on soupçonne énamourés, de fort fins pieds. Et s'y connaissait en oreiller.

En revanche, du modèle, elle ne fit qu'une bouchée. Quand son amant Louis le Bien-Aimé s'en enticha et la déménagea dans ses « petites maisons » du parc aux Cerfs.

Il s'agissait bien sûr de la petite O'Murphy, notre agnelet au bas-rond préféré (plutôt que sous sa Joconde à moustache, c'est sous cette Odalisque que Marcel Duchamp eût pu inscrire son pharamineux et phonétique « L.H.O.O.Q. »).

Une Lolita sous Louis XV. Elle avait treize ans quand Casanova avoue avoir dépensé 300 livres pour passer 25 nuits avec elle. Mais le Vénitien se vanta trop souvent ; et se trouvait toujours à court d'argent. De plus, le marquis d'Argenson (surnommé La Bête par toute la cour, ce qui en suppose long) raconte que Louis XV s'assura « de sa royale main que le fruit n'avait pas encore été cueilli ». A quoi Casanova avait-il donc consacré ses 25 nuits à 12 louis ? A n'en pas douter, il avait suçoté et léchouillé les pieds de la gamine.

Car le pied de l'*Étude...* est gamin. Un peton. Mignon, au talon rond, doux comme un coussinet de patte de chat. Le gros orteil en a été repris deux ou trois fois (son tracé à la plume se voit), les autres sont des perles naturelles, imparfaites comme elles. Précieuses. Il est de beaux exemples d'esthètes damnés pour un pied. On en connaît qui n'ont pas hésité à en épouser.

8

Les amateurs des films de Stanley Kubrick apprécieront. En remembrance émue du générique de sa

Lolita, d'après Vladimir Nabokov et sur un scénario du maître. Pendant que défilent des noms, où se fixe notre esprit ? Sur l'occupation délicate de James Mason (Humbert Humbert magnifié). A quoi est-il occupé ? A glisser du coton entre chaque orteil et à vernir les ongles des petons de Sue Lyon (Dolores Haze, dite Lola, dite Lolita). La métaphore est moins osée que l'incipit cunnilingual du roman (cf. *supra*), mais aussi explicite.

Nous ne relèverons pas les attaques iniques de « trahison » subies par Kubrick à cause des dix-sept ans de Sue Lyon et des douze de la nymphette romanesque ; Kubrick ne pouvait risquer la prison ni, pis, l'interdiction. Sa fidélité n'a que faire de l'âge ; mais s'« adapte » génialement (Nabokov lui-même applaudit) dans l'odeur d'acétone du vernis filmée en noir et blanc, dans ce pied qu'on saisit (on ne sait trop s'il s'en fiche ou se donne), et qu'on orne avec la précision, l'attention, la *maniaquerie* d'un barbon amoureux d'un tendron.

Au-delà du banal fétichisme (combien d'orteils mâles ou femelles sont-ils croqués et léchouillassés sans art dans les films classés X ?), nous assistons à la sublimation d'un « acte servile » (qu'eût apprécié le maître Ceronetti) servie avec un brin de tragique ironie.

C'est le baiser du curé de *El* à la cambrure du pied d'une belle pénitente, la langue de l'amante Lys sur la statue de *L'Age d'or*, de Buñuel (tous nos amis nous accompagnent jusqu'à la fin).

C'est aussi la revanche de Marie-Madeleine, la grande sainte pute avec Marie d'Égypte, qui lave et parfume les pieds du Christ puis les essuie avec ses cheveux (suivez le fantasme selon saint Matthieu) ;

figurant le don et l'abandon de soi, l'amour parfait envers le Sacrifié, la rémission de tous les péchés par le plaisir offert (le cheveu est torchon ou serviette, bure ou soie au choix) et le soupçon d'avoir pu être « la dernière tentation du Christ », selon Martin Scorsese. Ce qui amena quelques abrutis de curés en campagne, n'ayant jamais compris une ligne des Évangiles qu'ils savent à peine ânonner, à brûler des cinémas ; dont, à Paris, le Saint-Michel, salle pourtant bien nommée.

9

On peut connaître l'extase de croiser une Marie-Madeleine chez le tripier, mais on n'y trouve pas de cheveux. Cela ne se mange pas. Pourtant... Qu'y a-t-il de plus parfumé par les essences du corps et de ses glandes ? Des cheveux sentent la moutarde, d'autres le benjoin, d'autres l'aigreur de la sueur. On peut en avoir plein les yeux, la bouche, le nez quand on étreint. C'est un ornement fragile, du vol-au-vent. Un mouvement, un écroulement sur une épaule ou dans la ravine des seins. Qu'ils chatouillent, titillent, adornent d'une autre beauté quand ils sont longs et dépeignés. Courts, ils provoquent des attroupements à bout de souffle sur les Champs-Élysées quand une jeune personne en T-shirt posé à cru sur la peau y vend l'*Herald Tribune.*

Nul n'a chanté le cousinage du cheveu et du sein. Sauf Godard, qui voulait bien montrer des fesses (rarement) mais jamais des nénés. Toujours, ses héroïnes les cachent, les protègent, mais il les coiffe remarquablement : Anna Karina dans *Vivre sa vie*, c'est le casque d'encre de Louise Brooks revisité.

La fluidité de la chevelure s'allie si bien à la tendresse du sein. On les renifle ensemble dès la plus que tendre enfance. Leurs couleurs s'allient en camaïeu, de la racine du poil à l'aréole. Du mordoré au chocolat. Le cousinage se poursuit dans la maintenance du parfum. Hume-t-on assez le sillon de tendresse ? Il s'affirme dans la réaction aux agents extérieurs. La peur hérisse le poil, avec le froid le mamelon durcit. Le désir met tout ce joli monde dans les plus grands désordres. Ils tentent la main. Plus que la caresse, le tripotage. S'entremêler les doigts dans la fenaison des cheveux, pincer le bout d'un sein, ou en caresser le galbe comme une femme peu regardante flattera le crâne idéal du chauve (on lui conseillera celui, idéal, du *Pnine*, de Nabokov encore).

10

Le cheveu sied aux seins, sied à la nuque, à la peau (il en est un des nombreux fils adultérins), va à tout. *La Chevelure*, de Maupassant, miracle du dernier conteur français, provoque un arrêt cardiaque chez le jeune infirme de *La Lectrice* (filmée par Michel Deville d'après le pas si mauvais roman de Raymond Jean) ; il faut avouer que c'est Miou-Miou qui en acidule les phrases. Et que Deville est un Diderot ; le seul cinéaste du XVIIIe siècle.

Le mot cheveu est d'une parfaite onomastique. Le

prononcer est s'y glisser, s'y perdre, s'en étouffer... Cessons. Épargnons notre cœur (le muscle).

On trouve également du cheveu à manger, dans les supermarchés ; au rayon des pâtes alimentaires. Il s'agit d'une variété de vermicelles baptisée cheveux d'ange. Ils sont parfaits dans un bouillon de poule.

Les « poules », au contraire des dames chapeautées, sortaient naguère « en cheveux ». Une allure de lionne, une volonté de scandale, un bruissement de soie froissée, mille promesses ondulant dans le vent.

Comme une nappe, un drap qui sèchent sur le pré, après avoir été blanchis des traces, des taches, ces exsudations des plaisirs qu'on y a pris. Chacune se nommant liberté.

TABLE

PROLOGUE — Le saint ascète 11
Peau d'âme 17
La bouche dans les ténèbres 41
Le nez et les sangsues 67
L'œil du rasoir 83
Nocturne pour deux oreilles 95
La fossette, rondelette odelette en prosette .. 111
Le nombril de la « fornarina » 113
Vulve de Baubo, rire de déesse 125
Le cul, philosophe du diable 145
ÉPILOGUE — Les rognons d'Ulysse et autres
appendices 173

Cet ouvrage a été réalisé par la
SOCIÉTÉ NOUVELLE FIRMIN-DIDOT
Mesnil-sur-l'Estrée
pour le compte des Éditions Belfond
en février 1996

Imprimé en France
Dépôt légal : décembre 1995
N° d'édition : 3293 - N° d'impression : 33546